隱形創傷

成為大人的我們，該如何療癒看不見的童年傷痛？

王嘉悅　著

目錄
Contents

目錄
Contents

目錄
Contents

推薦序一

告別「隱形創傷」，點亮覺察之光

／陳歷傑（親密關係諮商師）

卡爾・榮格（Carl Jung）說，當你的潛意識沒有進入你的意識時，那它就是你的命運。

在做親密關係諮商師之前，我對這句話理解得並不深刻。那時我只有一種朦朧的感覺，似乎很想逃離「原生家庭」這道枷鎖，也隱隱感到某種命運的「強迫性重複」。

做諮商師後，我似乎對潛意識與命運之間的關係有了直觀的體驗。我的很多來訪者都會驚訝地發現，自己一不小心就活成了自己討厭的人的樣子。比如，很多遭遇出軌的伴侶會驚奇地發現，明明自己遭受過父母出軌帶來的傷害，並因此朝著與父母特質相反的方向尋找伴侶，但找著找著，自己的另一半就變成了當初傷害自己的人的樣子！

而出軌一方的故事也大同小異。他們中的很多人小時候也遭受過父母出軌或者離異的創傷，曾經信誓旦旦自己不做那樣的負心人，可是，活著活著就活成了自己討厭的樣子。

其實，榮格早已告訴我們原因，當潛意識掌控我們的生活時，當我們內心還存在很多「隱形創傷」時，我們會不自覺地陷入對悲劇命運的「強迫性重複」。只有我們真正敢於正視深埋在心靈深處的「隱形創傷」，願意用覺察之光去照亮潛意識，命運才有可能出現轉機。

我也是因為原生家庭的「隱形創傷」走上了心理諮商師的道路。

母親在我九歲時病逝了，我因此很早就有了對於疾病與死亡的恐懼創傷，當然，更有至親離開的「被拋棄的創傷」。

我的父親很快再婚了，我開始經歷組合家庭的複雜。其實母親在世時，她和我的父親也因為性格和成長環境的迥異而爭吵不斷。我性格中一直存在的「刺蝟」的一面，估計也是來自童年的「隱形創傷」。

禍不單行。我的父親又遭遇了失業危機，家裡經濟狀況一落千丈，再加上組合家庭的矛盾以及周圍人的白眼，我小小年紀就飽嘗「世態炎涼，人情冷暖」的滋味……

因此，我對人性的複雜與內心的探索產生了興趣，早早開啟了記錄自己「情緒與想法」的日記之旅。在個人電腦時代來臨之前，我發現自己已經寫滿了十幾本厚厚的日記本。儘管再去翻閱青春期的記錄時，我發現其中更多的是情緒的宣洩和對命運不公的感嘆，但是這份堅持記錄的習慣讓我有了一個情緒的出口，讓我的「隱形創傷」有了被覺察的可能，而不是被壓抑在心靈深處形成內傷……

後來的我成功逃離了原生家庭，學習自己喜歡的法律專業，做了法官，後又去海外高校讀了管理學，但最後我還是「鬼使神差」地闖進了「心理諮商」這個領域，並且找到了家庭創傷療癒這個使命。療癒他人也是療癒自己，我們遇到的每一位來訪者也都是諮商師自己的一個側面。在他人的故事裡，我們深深地照見彼此，看見便是療癒的開始。

榮格說，當潛意識被呈現，命運就被改寫了。這也是我推薦王嘉悅老師《隱形創傷》這本書的原因所在。

王嘉悅老師是美國約翰・霍普金斯大學心理諮商碩士、資深心理諮商師。她用豐富的案例和嚴謹的理論分析，向大家呈現她對「隱形創傷」的點滴細節的總結。

對我這個跨界諮商師來說，這些有益的總結與提煉具有很強的啟發和借鑑意義。這些總結既有法律人的細緻嚴謹，又有管理學人的工具化思維，更有資深心理學人的悲天憫人情懷，這些都深深地打動了我，讓我一氣呵成讀完本書。這也是我很願意寫這篇「拋磚引玉」的序言的原因。

我很喜歡嘉悅老師的這段話：

「艾瑞克森（Erik Erikson）所堅持的，就是真誠地面對自己，並持續探索自我。在這種面對和探索的過程中，時間會給你最寶貴的財富：自省和自愛。在你走到那一步之前，你可能也會像艾瑞克森一樣感到困惑、迷茫、痛苦，但沒關係，這是成長的必經之路，請記得，不要放棄探索和接納自己內心的童年自我。」

心理學療癒經典《擁抱你的內在小孩》（*Face to Face with Fear: Transforming Fear Into Love*）的作者克里希那南達（Krishnananda Trobe）提醒我們：

「我們童年都有過身體或情緒上被遺棄的經驗，那份傷痛是如此的難以抗拒，以致我們將它深埋在無意識中。我們的生命能量試圖從這樣的傷痛經驗中復原，但是在我們重新意識到這些兒時的經驗之前，療癒是不會發生的。」

所以，創傷療癒是一條漫長的路，當我們能夠真正正視這些「隱形創傷」時，我們會驚奇地發現，原來那些負面情緒都是幫助我們走進內心探索之門的鑰匙，能夠幫助我們好好地理解自己的內在創傷、同理對方，最終讓我們能夠彼此袒露脆弱、彼此看見，真正實現深度親密。

讓我們一起跟隨這本《隱形創傷》勇敢地走上探索與療癒之路吧！

推薦序二

為什麼人會有突然崩潰的時刻

／溪子（資深心理諮商師）

在電影《靈魂急轉彎》（Soul）中，男主角終於如願以償登台表演爵士樂之後，卻感到悵然若失，帶他登台演出的前輩和他說了這樣一個故事：

從前，一條小魚遇到了一條大魚。大魚說：「你好呀，小魚，你要去哪裡呀？」小魚說：「我要去尋找大海！」大魚笑了，說：「你就在海裡呀。」小魚說：「什麼？這才不是海！這只是水！」

人的生活和關係裡也有很多這樣的情況。比如有人希望追求值得信任的關係，但遍尋不得，從此覺得所有關係都是不安全的；或者有人想要透過努力學習、工作取得優異的成績，實現自己的價值，卻發現人外有人、山外有山。

其實，人們追求的很多關係體驗，比如被愛、被尊重、被理解等，都像小魚追求的「海」一樣，如果不能透過修正內在體驗而感受到它們，就會始終覺得那些都只是「水」。

嘉悅在這本《隱形創傷》中展開剖析了人在各種不同人際情景裡的各種情感反應、對關係的理解等，生動地闡釋了人到底為什麼受傷，又如何療癒恢復。

在我們的成長過程中，各種「隱形創傷」是廣泛存在的：從各種不合理的期待或要求到過度的競爭與比較，再到各種無法避免的人際衝突和侵犯。只是社會語境教育我們，只有理性、平靜地面對各種批判和傷害，才能不造成更大的損失。殊不知，在這個過程中，內心的傷害已經發生，並且往往被忽略了。

過去受到的傷害可以被掩藏，就像瓷器上隱蔽的裂痕，也許平日看起來並不明顯，但是，當瓷器受到強大的外力或是極速的熱脹冷縮時，就會突然裂開——

就像書中描繪的那些人突然崩潰的時刻。所以，看到這些隱蔽的裂痕至關重要。只有看到了，才能開始細細修復，開始自己的療癒之旅。

心理學有一個名詞叫作「強迫性重複」，也就是說我們曾經遭受的創傷，後來在人生中以其他形式不斷重複。比如，童年時期被父母忽視，可能成人後就會因愛上「不可能獲得的人」而一次次陷入痛苦的親密關係。比如，小時候沒有很好地建立自尊，在長大後的人生競爭中常常深感「我不配」而不敢爭取。我們之所以常常忽略這些隱形創傷，是因為表面上看起來它們並沒有影響我們的生活。實際上，它們在我們的自我認知、溝通過程、我們的人際交往和親密關係、個人成長和職業發展中，都發揮著非常關鍵的作用。

很多人都在講「術」，也就是我們怎麼做、說什麼話、運用什麼技巧就能變「好」。這相當於我們只修剪一棵大樹表面的樹葉，很難引發真正的改變。這本書的特別之處在於，它能告訴你那些影響和限制你的「根」在哪裡——在隱形創傷裡。我們只有追根溯源，才有可能真正改變。

嘉悅是目前少數既有西方心理學教育背景，又有中西方近十年臨床經驗的專業諮商師。她對這些豐富的經歷進行了凝練，對隱蔽卻又重要的人際創傷進行了深刻的心理解讀，也在如何修復和療癒這些創傷方面具有獨到的見解。本書案例生動有趣，專業理論豐富，讀起來酣暢淋漓又深入淺出。

在當下社會，隱形創傷是一個普遍存在但又一直被忽視的話題。每個個體的成長、自我的實現、困境的掙扎往往都與創傷、重建有關。就像書中所描繪的金繕一樣，創傷經歷不僅是負面的經歷，更是一個人成長、讓自己的人格更豐富甚至產生和他人更多連結的機會。這也是本書中最安慰人心的部分。

前言

自愛與自省是打開人生新局面的雙翼

你是否有過以下經歷？

在與他人溝通的過程中，有時會莫名其妙地生氣或傷心，事後你可能也沒有想通自己當時為什麼會那麼難過，但就是有種「被擊中的感覺」，甚至直接崩潰。

有時，你只是想對別人提出善意的批評或開個玩笑，但對方突然大發脾氣，你也不知道為什麼對方的情緒會這麼激動，但你們的關係就是疏遠到了難以挽回的地步。

有時，你在和父母親人、伴侶愛人、朋友、同事相處的過程中有一種莫名的無力感，甚至是身體的不適感，覺得自己無法改變那些讓自己不舒服的人和事，覺得自己失去了對周圍一切的控制。你甚至感到自己的人際關係、日常生活及工作學習都開始因此出現各式各樣的問題和障礙。

實際上，這些情況非常普遍，甚至被人們視為理所當然而不加注意。這也是本書叫「隱形創傷」的原因所在。

而我寫作本書的核心目的，是想告訴大家，當你已經成為一個「大人」，你完全有能力透過自省，明白自己過去人生中發生的那些不盡如人意的事情的本質，以及如何理解它們才能幫助自己擁有更積極的生活和人際感受。

自愛是自省的基礎。

在生活中，我們看到很多人非常擅長批判甚至苛責自己。自己是不是工作沒有做好？那句話是不是說得不太得體？自己是不是就是很失敗、不如別人？自己是不是社交無能？實際上，**這樣的自我批判不是自省，而是一種自我懷疑和自我否定。**

真正的自省，是在確定「我很好，我值得被尊重和愛」的前提下，理解自己在一些關係和事件中為何有那樣的感受、為何做出那樣的選擇，而這些感受和選擇是否還有更好的可能性。比如：自己之所以會因一句本來沒有惡意的話而感到非常難過，或者被某些話語勾起強烈的情緒感受，並不是因為自己天生就敏感且不擅長人際交往，而是因為在重要關係中經歷過創傷。自己需要的不是被批判或責怪，而是被理解和照顧，當創傷得到療癒，在關係裡的感受和選擇自然也會變化。

那些「被擊中的感覺」、「莫名的無力感」，實際上都是創傷經歷引起的不成熟的應對機制在衝突和壓力下的表現。擁有成熟的應對機制的人讓人願意接近並與其合作，而擁有不成熟的應對機制的人往往會因為擔心害怕而選擇遠離他人。創傷經歷可能阻礙了一個人的應對機制趨於成熟，從而導致其人際關係體驗受損。

所以，探索和療癒自己的創傷經歷很有必要，因為這會幫助你提升自己的人際交往能力、工作能力，釋放被壓抑的潛能，並達到自我實現的目的。

本書呈現並分析了一些在社會關係中常見的典型關係創傷，希望可以幫助讀者釐清一些理解自己的成長關係創傷的思路。但這並不是說所有人都可以在本書的案例中找到關於自己的問題的現成答案。本書旨在幫助大家開始理解如何使用認知體系思考自己的創傷議題與關係模式，從而靈活地解構創傷體驗，掙脫有害關係模式的桎梏。

縱觀心理學發展的歷史，即使最偉大的心理學家和心理治療師也無法承諾自己的治療思路永遠正確、有效、不過時。佛洛伊德（Sigmund Freud）出生在第二次工業革命前夕和維多利亞時期，所以他的理論充滿了機械動力的模型，升華、壓抑、驅力等概念不僅是他的思想作品，也是那個時代的訊息輸入。在佛洛伊德的理論中，人的心理結構彷彿一台複雜、精密的蒸汽機，人只有尋求內在動力的順暢一致才能好好去愛、去工作。到了如今的資訊時代，絕大多數心理流派都更加強調人與世界、人與他人的連結，如果一個人的心理出現了問題，一定是他與家庭、社會的互動不夠順暢。所有這些理論都是重要的、不分對錯的，只是時代環境會變化，所處其中的人心也會變化。每個人都需要在其中找到真正和自己相符的方向。本書也盡量選取了一些人們在城市化家庭人際結構中常常遇到的議題和矛盾進行討論和分析，以符合當下的情景。

在這個複雜多變的世界中，我們需要的不是確定的答案，而是自愛和自省的能力。這種核心力量無法脫胎於他人，只有在做出了自己的選擇和努力、接納了未知與無常之後才能獲得。

本書中有較多的內容側重於分析探索一個人的認知信念、情緒模式、人格狀態與早年重要經歷的連結。努力去理解「我到底為什麼會這樣想、有這樣的感受、做這樣的選擇」的過程很重要，因為這個知其然並知其所以然的過程，可以帶來改變自己的動力。甚至可以說，一個人的自我意識就是在這個過程中產生並加強的。

創傷，是可以在自己的努力探索之下被重新審視的。世界很複雜，你也很複雜，不要停止思考，人生不是排練好的劇本，而是一個不斷自省的過程。人的自我認知可以永遠深入下去，內在心理世界的複雜幽深並不是一件可怕的事情，而是一重很美的境界，就像雲霧後的重巒疊嶂格外引人入勝。

著名發展心理學家艾瑞克森在自己的成長過程中，發現自己的成長環境令他十分痛苦：由於自己不是繼父的親生兒子，長相差異較大、習慣不同，他常常感到周圍的人對他的批判和排斥。當他發現這一切並不是他的問題時，他選擇了離開限制和批判他的環境，更加遵從自己的內心，投身心理學研究，並賦予自己新的姓氏：Erikson。他在童年時常常幻想長大後能夠成為「更好的父母」，最終他成功了，他成為自己的內在小孩最好的父母。

艾瑞克森所堅持的，就是真誠地面對自己，並持續探索自我。在這種面對和探索的過程中，時間會給你最寶貴的財富：自省和自愛。在你走到那一步之前，你可能也會像艾瑞克森一樣感到困惑、迷茫、痛苦，但沒關係，這是成長的必經之路。請記得，不要放棄探索和接納自己內心的童年自我。**當你完成了重新認識**

自我和保持自愛的人生課題，其他你需要的一切都會自然而然地向你靠近。

第一章

療癒創傷，走出劇情

在開始處理自己的隱形創傷前，很重要的一點是理解究竟什麼是創傷。只有這樣，我們才能判斷自己是不是有需要處理的創傷，以及該朝什麼方向探索這些創傷和自己成長經歷之間的關係。

心理上的創傷不像肉體上的創傷那麼一目了然，而需要透過理解和感受自己的行為、表現、關係體驗進行間接判斷，所以這並不是一件很簡單的事情。

創傷的個體獨特性：我應該為此感到痛苦嗎

提起「心理創傷」這個概念，很多人會聯想到許多災難性事件，認為只有經歷這些才會有所謂的「心理創傷」，而這個詞和自己沒有太大的關係。**實際上，創傷的普遍性遠遠高於常人所想**。很多來到心理諮商室的來訪者也是在進行了很長時間的諮商後才意識到自己在成長過程中經歷了各種大大小小、難以磨滅的創傷：從交通意外、職場中的不公正、上學時被家長或老師辱罵批評，到突患重病、失去親人或經歷家庭暴力等，這些都會對個人的心理狀態和人際關係模式產生遠比自己想像中深遠得多的影響。

每個人的成長經歷和背景都不盡相同，對創傷的敏感程度也不一樣。比如，同樣是經歷性騷擾，一個有良好人際支持的成年人可能只會覺得像被蒼蠅纏上一樣噁心，事情解決了就過去了。但如果經歷這件事的是小孩，或是缺乏社會資源和人際關係的人，就會感到十分無助和恐懼，受傷的心情在很長時間裡都難以平復，這件事甚至會影響其基本生活和社會功能。

一件事情對一個人是否構成創傷，其實沒有客觀的判斷標準，而在於這件事情有沒有讓這個人的心理產生持續波動，並且影響生活的其他方面。

曾經有人困惑不解地問我，自己的孩子為什麼那麼脆弱，只是在學校被老師批評了，就不願意再去上學，他對此感到無法理解。但對孩子來說，她的感受卻是當時的場景讓她十分屈辱和痛苦，在夢中，她看到周圍的同學對她投來鄙夷的目光和嘲笑的神情，這讓她覺得自己一文不值，並且她在之後的學校生活中常常「重現」（Flashback）到那個情境中，她十分害怕再次發生這樣的情景。

後文中，我會對這種每個人都多多少少會經歷的、「普通的」創傷經歷進行一些描述和分析，幫助大家了解這些成長經歷對自己產生的影響，學會如何改善自己的體驗。

創傷的特點：重複、困惑與停滯

有句話叫作「不如意事十常八九」，大到求學或求職的失敗、重要他人的離開，小到日常生活中經常會遇到的雞毛蒜皮的不愉快，令人痛苦的事情可謂十分常見。那麼，普通的痛苦挫折和創傷之間的區別是什麼呢？

創傷會帶來重複的模式和症狀

創傷有一個最重要的特點是，它會帶來重複的關係體驗和痛苦感受，並且這些重複的模式和症狀可以被追溯到一個早期的痛苦經歷。也就是說，帶來痛苦的特定情景不是孤立的或一次性的，而具有一定的相似性，且這些相似的場景模式都會有一個源頭的「原型事件」。

比如，A先生有社交恐懼，他最害怕的場景就是工作中的公開演講。每到這個場景，他就會流汗、發抖、頻尿、肚子痛、呼吸急促，幾乎無法自持。如果問他，除了這個場景，還有沒有其他情況也會導致他無法自持，他會想到大學論文答辯時要面對導師評審組進行演講的相似情景，答辯中途他暫停了很久去上廁所，調整呼吸。如果再問他，最早有這個體驗是什麼時候？他便會追溯到一個早期的場景：他在幼稚園時期參加過一次舞蹈表演，那時候他只有三四歲，因為很緊張又在上台前喝了很多水，不小心在表演時尿褲子了。結果幼稚園老師大發雷霆，一邊替他換褲子一邊責怪他，告訴他這件事情多麼丟人和羞恥，老師再也不會讓他上台表演了。

上述例子很明確地說明了「模式和症狀的重複性」：這些場景都是公開展示的場景，都面臨權威人物的評價和觀看，都有相似的情緒和身體反應；同時，都能追溯到一個最早期的「原型事件」，即初次體驗這樣的場景和感受的事件——

幼稚園表演時尿褲子被責罰。

創傷會讓人難以言說和觸碰

相信很多人在童年時都經歷過類似不小心尿褲子或者其他在公共場合出糗的事情，從某種程度上講，這樣的事件可以稱得上「普遍」。但為什麼並不是每個人都會留下創傷呢？

因為構成創傷還需要一個要素，那就是這個痛苦的體驗和經歷無法被描述、傾訴和被理解。

如果你仔細觀察過幼兒就會發現，他們難以主動表達很多突然發生的、複雜的痛苦。因為對他們來說，那是一個全新的體驗，是會引發困惑和迷茫的體驗，並且幼兒也沒有學習過應該用怎樣的詞彙和語言去描述如此複雜的感受。

比如，一個四歲小男孩的母親因病去世了，這個體驗就完全超越了小男孩的經驗。他的認知水準還沒有發展到可以理解死亡概念的高度，他不明白為什麼一個對自己如此重要的人憑空消失了。他可能很傷心、很恐懼，但是困惑和迷茫的感受一定先於傷心、恐懼的感受出現。

然而成年人常常傾向於逃避幫助兒童澄清經歷痛苦時產生的困惑感。當一件令人悲傷的事情發生在幼兒面前，成年人常說「沒關係，他還小，還不懂，不要跟他多說這件事」。導致這種情況的原因有二：一方面，成年人自己往往也會逃避面對和解釋這些痛苦的經歷；另一方面，很多成年人以為，兒童沒有像成年人一樣的描述痛苦的語言或表現，就代表他們「不懂」，代表他們沒有那種深刻的痛苦感受，然而事實並非如此。這種成年人對兒童痛苦感受的忽略，其實會增加痛苦經歷對兒童的影響和折磨。兒童會在潛意識層面一直與自己的困惑拉扯：這件事情是怎麼樣的？為什麼會發生這樣的事情？為什麼大人們好像都沒有什麼反應？我應該感到如此不舒服嗎？

困惑和痛苦的經歷無法被見證和理解是形成創傷的重要因素。這種「孤獨的痛苦感」會產生將人隔離的作用——既然別人看起來都沒有和我一樣的感受和體驗，是不是說明我和別人是不同的、不正常的？我是不是應該為我的這種感受感到羞恥和奇怪，是不是應該把這些感受藏起來？這就是「心牆」建立的過程。

創傷會「凝固時間」，讓人發展停滯

「時間能治癒一切」，這句話的真實性其實很值得懷疑，因為臨床工作和各式各樣的研究都表明，許許多多的創傷並不會隨著時間的推移消失。它們大多會繼續存在，有的可能以變化之後的形態隱匿於人們日後的生活中，有的可能會改變人們的自我感受和身體經驗（Somatic Experiencing），還有的則會影響人們的人際關係和人生選擇。有很多老年人，即便在得了阿茲海默症並且遺忘了自己生活裡的很多日常事務和關係之後，還一次又一次地想起甚至重新體驗自己童年時期的創傷經歷，就像被困在過去沒有被處理和療癒的創傷體驗之中一樣。

作家馮內果（Kurt Vonnegut）在小說《第五號屠宰場》（*Slaughterhouse-Five*）中，描繪了一個會在戰爭場景和自己的中老年日常生活裡進行時空穿梭的人，他可能前一秒還在醫生同行的聚會上，下一秒就穿梭到冰冷的河床上，面對著迎面而來拿著槍的敵人，或者穿梭到躺著死屍的火車車廂裡。雖然作者採用的是一種類似科幻小說的創作技巧，但我猜想這可能也是他作為一個親身體驗過戰爭殘酷的人的一種十分真切的感官體驗——類似於創傷後壓力症候群的重現體驗。

有時，創傷就像大腦裡有了蟲洞一樣，會扭曲自身的時間經驗。現實的時間已經前進了，但自身的經驗還被困在創傷發生的時間裡。

其實，這種創傷對思維、自我認知和人際關係的改變是人類的一種生存本能。創傷的體驗總是難忘的，這非常合理，因為人類身心最重要的目標之一就是存活下去，而要存活下去，大腦就需要透過儲存對過去的記憶來判斷未來，因此牢牢記住這些不利於自身的事情和感受就很有必要。然而，這些伴隨著人們的、與過去的創傷經歷連結的「症狀」或人際模式，在人們的腦海中往往是「一團亂痲」，人們並不知道這些模式和經歷之間的因果關係，很可能會錯誤歸因，導致自己陷入困境的循環。這些創傷經歷如果沒有被以能讓他人理解的語言和邏輯敘述出來，就會以十分混沌的形式存在於認知和體驗裡，導致人們做出的決定不僅不能避免再次受傷，還會讓人們更容易重複進入困境。

這種重複進入困境的狀態就是所謂的「固著」。固著是心理學上的一個常用詞，意思是一個人如果在某個發展階段受到了挫折，就有可能無法繼續發展其某方面的能力，一直停留在這個階段。比如前文所述的A先生的例子就是固著的一種典型表現：A先生明顯已經不再是幼稚園時那個幼小無助的孩子，也不會再有像他的幼稚園老師一樣蠻不講理且令人無法反抗的權威人物來控制他的生活，但是在面對生活中的困難時，他還像幼年時的自己一樣無助和恐懼。

這相當於，作為一個成年人，A先生有一些處理人際關係的能力和情緒調控的能力還停滯在幼稚園時創傷發生的階段，沒有得到充分的發展，這可能會讓他在一些成年人應該應付自如的情境中手足無措或者失去一些機會。

禁錮或金繕：你可以帶給心理創傷的兩個結局

對每個人來說，創傷都是獨特的，即使是相同的情景帶來的感覺和勾起的回憶，在不同的人心裡也是不同的。大部分人在成長的過程中都會經歷或大或小的創傷。創傷一詞雖然聽起來讓人不甚愉快，卻也是一個人人格成長、成為自己必不可少的經歷和要素。

這樣說絕對不是在試圖安慰有創傷的人，或是在強行美化不好的事物。大家可能常聽到一句類似心靈雞湯的話，「打不死我的都將讓我更強大」，的確，一些創傷經歷會讓人習得處理有挑戰和困難的場景的方法，但是同樣也可能讓人過分防禦，為自己的世界加上厚厚的外殼，把一些機會和可能性阻隔在外。如果一個人對自己的創傷經歷沒有細緻的理解，面對類似情景時採取的反應就是僵化、不靈活的，就會變得像童話故事《綠野仙蹤》（*The Wonderful Wizard of Oz*）裡的「錫樵夫」一樣，因為害怕受傷就用冷冰冰的鐵殼把自己柔軟的心臟禁錮起來，禁錮多年以至於都不知道自己柔軟的心臟仍然存在，也無法感覺到各種美好、細膩的情感，錯失很多珍貴的關係和體驗。

比如，前文提到的被老師批評的小孩，一方面有可能會努力習得察言觀色、理解他人期待的能力；另一方面，也可能會對別人的情緒過於敏感，發展出冷漠迴避的防禦機制，逃避人際關係和表現真實的自我，導致自己錯失很多成長的機會。

所以，深入細緻地理解和修復自己的創傷體驗是一件格外重要的事情。古代有一種十分高妙的瓷器修復技術叫「金繕」，用它可以修復碎掉的器物，因其價格不菲，所以修復的往往都是對主人來說有特殊意義的心愛之物（見圖1-1）。用金繕修復過的器物，不僅可以恢復原來的形狀和功能，還會留下美麗的金色痕跡。這些金色的痕跡，每一條都有自己細緻的紋理，都是獨一無二、不可複

圖 1-1　作者的朋友以金繕修復的童年珍愛的茶杯

製的，往往使器物比原來更有韻味。透過這些金色的痕跡，我們能夠清晰地看到它受過的傷的形狀和軌跡。這些痕跡並不會隨著修復而消失，就像創傷的經歷，發生了就是發生了，沒有任何辦法將其抹去，但這些痕跡並不會造成任何阻礙，反而會成為智慧和堅強的象徵。

深入、詳細地了解自己的創傷是每個人自我理解、自我接納、自我成長的關鍵。很多時候，困擾你的問題可能就藏在某段塵封記憶中的某個微妙的點上，那個點可能會成為你的「扳機」，看似渺小，卻會觸發一系列龐大的反應。

學習心理學也好，進行心理諮商也好，其功能和金繕一樣，都是幫助人們細緻地察看那些裂縫的形狀質地，再細膩地拼湊整理，最後形成使人能夠看到成長敘事來龍去脈的金色紋理。

作為心理諮商師，我常常被人詢問，是不是只有心理有問題的人才會去做心理諮商。我對這個問題的回答是「不是的」，每個人都帶著或大或小的創傷成長，而會嘗試去進行心理諮商的人多半對這些創傷有更多的覺察和認知，他們能夠在一定程度上把自己現在的生活和感受與過去的經歷相連結，並且心態開放到可以與他人交流這些經歷。對於創傷經歷的隱藏和羞恥感很容易造成二次創傷，這是一個令人惋惜的事實，也是我想討論創傷相關議題的原因：**創傷是如此普遍地存在於我們的生活中，我們如果能更加理解和接納這些創傷體驗，那麼不管是對自己還是對他人來說，都會有很好的療癒作用。**

在本書中，我將以案例故事為主線，幫助大家以不同的視角看待一些普遍存在的創傷經歷，去理解自己的成長，把創傷經歷變成美麗堅固的「金繕」，而不是困住自己的「鐵殼」。

不過請注意，這本書並不是一本專業的創傷治療圖書，其目的在於透過分析一些典型案例，幫助讀者了解自己在人際成長方面是否有需要得到幫助和改善的地方。如果感到自己有較嚴重的創傷問題及情緒波動，請及時尋求專業幫助。另外，本書的案例均為基於常見情況編寫的虛擬案例，請勿對號入座。

回顧創傷：探索過去，理解現在

談到心理諮商，很多人會有一種錯誤的印象，即認為這是一個尋找自己原生家庭和父母的問題的過程。好像如果能把自己心中幼年積蓄的委屈和憤怒一吐為快，就可以療癒很多創傷。當然，發洩和傾訴有一定的作用，但作用並沒有那麼大，因此回顧和理解自己的成長創傷的目的不是發洩情緒或責備養育者。

每個時代的人在養育上都會有自己的局限性，養育的缺陷和創傷幾乎是必然存在的。即使一對父母已經是當時最開明、最科學的教育者和養育者，也一定無法完全滿足自己的孩子在未來生存和發展的所有需要。

從圖 1-2 可以看出，雖然一個人現在的人際問題或適應不良可能是過去的創傷體驗導致的，但是產生心理問題的直接原因是他現在的人際關係和適應問題。

過去的創傷體驗／不健康的關係體驗 → 現在的人際關係模式的問題／人際體驗的偏差 → 心理問題／症狀

圖 1-2　人際關係創傷

所以，**回顧過去的成長經歷絕不是為了一直反芻、抱怨、責怪，而是透過對過去的回顧理解現在。**

就像一個人站在一條道路上，他必須知道自己是從哪裡來的，才可能清楚地知道自己現在在哪裡，之後要到哪裡去。

對理解創傷經歷無益的思考邏輯如下：

【小明的父親有家暴和酗酒的問題】導致了【小明現在的人際關係和生活方式方面的問題】。

對理解過去有益的思考邏輯如下：

【小明的父親有家暴和酗酒的問題】讓【小明留下了與權威人士相處有危險體驗的深刻印象】，並且【這種體驗有所泛化，讓他以為所有的權威人士都這樣】，導致【小明現在在一些工作關係中懼怕與權威人士相處，難以客觀準確地理解上司的要求和指示，以為只要是上司就會毫無理由地責罰他】，所以【難以融入工作關係或長期從事當下的工作】。

可以看到，以上兩種對於自己過去經歷的理解雖然在方向上似乎是一致的，但是其中那些真正能夠帶給人改變的動力和辦法的細節完全不同。

因為小明的父親在小明小時候的所作所為已經是過去的事情，過去的事情無法改變，而小明現在面對的生活和人際關係中的一些環節是可以被重新認知和改變的。比如在【這種體驗有所泛化，讓他以為所有的權威人士都這樣】這個環節中，他可以改變的認知是，其實不是所有權威人士都這樣，也有很多講道理、溫和的權威人士，只是他過去缺乏這種體驗；並且他現在是獨立的成年人，有自主掌握生活的能力，不再像以前一樣只有依靠父親才能生存下去；他生活中的權威人士和他也不是只有控制和服從的關係，還有成年人之間的平等合作關係；等等。

另外，對父母來說，他們之所以會這樣對待子女，可能是因為他們也在無意識中經歷過一模一樣的傷害，這被稱為「代際創傷」。幾乎每一輩人都會經歷重大的社會化，因此累積下來的代際創傷可能很多。我認為，完全幸福的原生家庭是非常罕見的。

但是，原生家庭決定論絕對不是一切問題的答案。許多研究案例表明，很多原生家庭極為不幸福的人也獲得了良好的社會地位和幸福的生活，他們的共同點是，重新建立了和諧的關係，以及從心底理解和接納了自己的過去。

如何面對創傷經歷？這個問題有兩種答案：

①主動尋找、建立值得信賴的親密關係，改善人際關係；

②重新理解自己的創傷經歷，改善自己的應對機制。

總而言之，對人真正有幫助的探索，絕不是為了把責任推到養育者身上，或者單純地發洩情緒，而是為了從這些歷史的細節中發現可以被治癒、修復、改變的部分，從而實現真正的成長。

第二章

理解原生家庭創傷

每一段關係都潛藏著前一段關係埋下的伏筆。作為一種有著很強認知和記憶能力的社會動物，人不僅會將關係裡的體驗儲存在認知層面，也會將其儲存在身體感受層面。這種身體感受層面的記憶是十分原始和強大的，會越過人的認知系統和邏輯系統，讓人直接產生強烈的感受並迅速採取行動。

雖然人類經過漫長的進化已成為擁有發達大腦的生物，但大腦中仍然保留了一些原始而重要的部分。

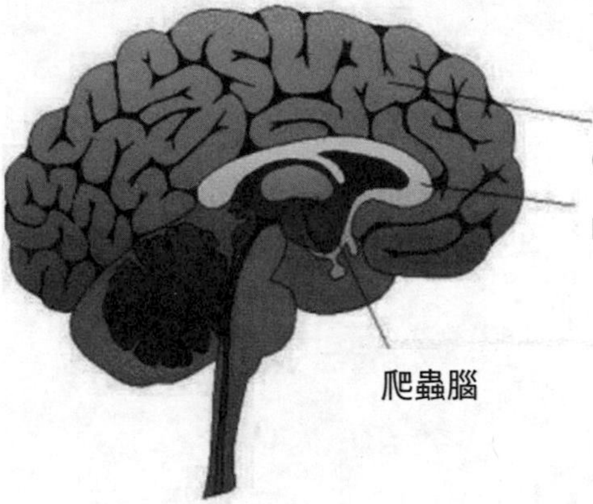

圖 2-1　三重大腦

美國神經生物學家保羅・D・麥克林（Paul D. MacLean）提出了「三重大腦」在人類進化過程中出現的先後順序。人的大腦有最古老而核心的爬蟲腦、哺乳動物腦以及最後進化出的認知腦，即新皮質腦（見圖2-1）。

爬蟲腦：生存的創傷

大腦最核心的部分是爬蟲腦，顧名思義，是爬蟲類生物在進化過程中就已經擁有的大腦系統，即最原始的大腦組織。人類保留了自己的爬蟲類祖先為了生存而進化出的控制體系，它不包含任何感情和認知，而是像電腦程式一樣近乎死板地對外界進行反應。爬蟲腦最重要的功能就是防禦，即保護自己的生命，比如小動物感受到風吹草動就會本能地逃走。

爬蟲腦對我們的生存而言至關重要，因為人需要在遇到危險時（比如面對飛馳而來的汽車）以極快的速度做出反應。之所以說爬蟲腦是最原始的，是因為它有很多缺陷。比如，它很難根據現實情景做出調整，傾向於單純地重複那些最原始的生存反應，即使這些反應常常是失效的，比如典型的「木僵反應」。野外的一隻小鹿會在察覺到有捕食者時僵住不動，這樣可能有利於躲避捕食者，讓捕食者無法感知牠的位置。如果這隻小鹿跑上了高速公路，看到飛馳而來的汽車時，也會有類似的木僵反應，但是木僵反應並不能讓牠避免被車撞，這時更適合的反應應該是加速跳走。小鹿的身體能力也能做到這一點，但在爬蟲腦的控制下牠無法這樣做，這就導致了悲劇的發生。

其實人的一些心理和行為問題也和這個部分的大腦功能有很大關係，比如強迫症。強迫症患者在認知上明白自己的行為並無現實意義，但還是無法控制自己反覆做同一件事，比如關門或洗手，只有這樣他們才能有安全感。這種情況的出現很大程度上就是因為強迫症患者的爬蟲腦在發揮作用。

長期以來，傑莫都被強迫思考和行為困擾著。比如，他會反覆回想自己有沒有在社交軟體上留下不當評論，或是有沒有在出門前把家中的燃氣閥門關掉。這些想法讓他既恐懼又疲憊。一方面，他知道自己很謹慎、很小心，不太可能做出這些粗心大意的事情；另一方面，他又很恐懼這些事情的發生會帶來難以挽回的後果。

在和傑莫交流的過程中，我們探索了很多他幼年時期與母親之間的關係問題。傑莫的母親的家族經歷過戰爭，她自己雖然沒有經歷過戰亂，但是常常能感受到父母講述時流露出的恐懼，所以她常常生活在生存焦慮中，而這些焦慮又體現在她對孩子的撫養和教育之中。從傑莫懂事開始，當他不小心碰了電源插頭或試圖玩打火機時，傑莫的母親都會大驚失色並教育他這些事有多麼危險，讓他一定要遠離。

對傑莫來說，已經成年的他，在理性和邏輯上當然明白，這些事情不會對他造成什麼威脅，但是那種恐懼和害怕的感覺仍然深深地儲存在他大腦的杏仁核裡。對幼童來說，父母是唯一的生存依靠，父母對於世界的反應和判斷是他們生存中最重要的指標。這些指標錨點會深深地印刻在他們本能的層面，而非認知思考的層面。這也是為什麼強迫症往往是一個很難完全根除的心理問題——爬蟲腦在自行工作，並認為自己在進行一項生存必要的本能行為。處理這樣的創傷問題不僅需要患者在理性層面做出改變，更需要幫助患者建立長期浸泡在更加安全的環境和關係裡的體驗，以逐漸修復這種本能反應（本章僅以示例說明創傷產生的原理，關於養育關係中典型創傷的詳細闡述將在第四章、第五章、第八章進行）。

作為大腦的一套核心體系，杏仁核的運轉十分耗費能量。因為它一旦開始運轉，就會高速控制全身的神經和行為，並在零點幾秒內做出逃跑或戰鬥的身體反應，所消耗的能量之多可想而知。

南西有憂鬱症和雙相情感障礙，但是她一直覺得自己的表現不符合精神科醫生的診斷，她感覺自己並不是真的憂鬱，因為很多時候她有動力去創造和努力工作；她的情緒的確波動頻繁，但並沒有表現出雙相情感障礙的躁狂狀態。她在工作和人際交往中常常感到十分疲倦，並且之後只想睡覺。她一直很困惑自己為什麼會這樣。

在諮商的過程中，我們一起探索了很多她的童年經歷，發現她遇到過很多偶然的人際危機和其他方面的危險事件。比如，她五歲時差點被人口販子帶上一輛車，她拚命呼救逃跑才倖免於難；她交往過有暴力傾向的男朋友，那是她第一次戀愛，她不知道男友的暴力行為是不可原諒的，還以為是自己做得不夠好，所以小心翼翼地避免激怒他，仍然努力維持著那段關係。

在與她交談的過程中，我們逐漸發現，她的「危險雷達」其實一直開著，也就是說她的杏仁核體系一直處於備戰狀態，無論是在平時走路時，還是在工作時和有權力的男性相處過程中。即使沒有實際威脅，她也在潛意識層面一直處於很警覺的狀態。從這個角度思考，我們就可以理解南西認為自己沒有憂鬱症和雙相情感障礙，卻經常非常疲憊、難以行動的原因了。她不是真的憂鬱或躁狂，而是她過去的創傷經歷導致她的杏仁核長期處於「戰或逃」的警覺狀態，帶來大量的能量消耗，使她感到疲憊。

南西的大腦一直在指揮身體隨時做好逃跑的準備，所以她的身體就會不斷地分泌出大量的皮質醇，這種激素會讓她的血管擴張、血壓升高、血糖升高，幫助身體做出激烈的反應，但這也讓她感到十分疲憊。壓力會讓人容易過度進食導致肥胖也是類似的道理——試想你的大腦在不停地告訴你的身體，你隨時需要應對可怕的場景，所以必須儲存足夠的糖分，這樣才能隨時用百米衝刺的速度逃跑。這也是為什麼焦慮和壓力與高血壓、心臟病等疾病有著直接關係。

眾所周知，譬如麻雀、壁虎這樣較小的動物的反應都非常靈敏，牠們沒有人類那種較高級的皮質腦，卻需要在自己的環境中隨時提高警惕，提防捕食者。牠們的靈敏、快速其實是因為牠們的爬蟲腦一直在工作，而這是以消耗大量能量為代價的。

如果你仔細觀察過松鼠就會發現，當牠們試圖把找到的食物埋藏起來時，即使選擇了沒有土的埋藏地點，牠們也會做出用爪子刨土的動作，之後才離開——這就是爬蟲腦的工作方式，它是原始的、程式化的、不依據現實條件靈活改變的。爬蟲腦可以維持生物最基本的生存需求，卻無法滿足牠們那些更高級的需求或幫助牠們應對更複雜的環境。

哺乳動物腦：情感依戀的創傷

在爬蟲腦的外層，是得到進一步進化的哺乳動物腦。這個部分的大腦功能就像我們在生活中常見的小貓小狗的大腦功能一樣，擁有了覺察感覺和情緒的能力以及建立關係的能力。比如我們既能感覺到自己和小貓小狗的依戀關係，也能體察牠們盡心盡力地撫養保護自己幼崽的情感，這是爬蟲類動物無法做到的。

在著名的美國心理學家哈里．哈洛（Harry Harlow）的恆河猴實驗中，研究者把剛出生的幼猴和自己的母親分開，然後給牠們兩個不同的「替代媽媽」——鐵絲媽媽和布料媽媽。鐵絲媽媽的胸前掛著內有乳汁的奶瓶，布料媽媽沒有奶瓶。研究者發現，比起有乳汁的鐵絲媽媽，小猴子們更願意和沒有乳汁但柔軟的布料媽媽待在一起。柔軟連結的感受對於人類這種哺乳類動物來說也是一樣重要的。

對人類來說，失去這種對於柔軟的依戀感受可能會造成很大的創傷體驗，所以人總是本能地極力避免被拋棄。

我們判斷是否相信一個人、喜歡一個人，在戀愛關係中是否有浪漫的感受，大多取決於哺乳動物腦的感受。在諮商的工作中，我常常聽到來訪者講自己的擇偶標準：學歷如何、收入如何、長相如何，但他們最終找到的伴侶很可能與自己想像中的大相徑庭。

這是因為，能夠實現最終的親密關係的原因與這些客觀標準沒有太大關係，這些客觀標準的確「有道理」，它們考慮的是「生存問題」，即「我能不能在現實層面活下去、過得好」，就像奶水對幼猴的作用。然而這些標準卻不是構成依戀的必要條件，所以建立在這些「物質基礎」上的關係有時反而不牢固，這也是為什麼在擇偶時有些人還會思考「這個人是貪圖我的物質條件還是真的愛我」。真實的關係能不能建立起來，依戀的感受和心理連結發揮著決定性作用。

安妮經歷了一次讓她身心俱疲的婚姻，然後又捲入了另一場她付出很多對方卻沒有承諾和回報的關係之中。她來到諮商室的目的是搞清楚，自己到底有什麼「不好」，為什麼總是感情不順，而其他明明條件不如自己的女孩卻可以找到讓她很羨慕的伴侶。

在前一段婚姻中，她認為自己的前夫是一個很有能力的人，收入和學歷都很不錯，她不知道自己還能要求什麼，所以雖然她並不清楚什麼是「真愛」，但還是選擇和他結婚了。當她在事業上遭遇不順或想要追求自己的興趣愛好時，對方卻很不支持，並且表現得十分冷漠。於是，她努力像對方期待中那樣，做一個賢妻良母，每日把家裡收拾得整整齊齊。可是對方卻越來越挑剔她。最終，對方以對她沒有感情為由提出了離婚。

在新的關係中，即使對方並沒有給她任何保持長期關係的承諾，她也主動進入這個模式。當我問她「什麼讓你願意為一個短期內就會離開你的人如此付出」的時候，她流淚了，並說是因為感覺自己也沒有什麼特別出眾的地方，既不是很漂亮，事業上也不算成功，所以認為自己不配找到一個理想的伴侶。為了找到伴侶，她只能多付出並展現自己有價值的一面了。

在和安妮的交談中，我們探索到她在成長過程中有一些「非典型」的創傷經歷：她的父母在生活上對她照顧有加，但卻常常告誡她要努力學習和順從，如果她考試沒有考好或者和父母頂嘴，就會受到被關在門外十五分鐘的懲罰。雖然她生在一個小康之家，但是她的母親卻會因為覺得父親的收入不夠高而和對方吵架，甚至威脅要離婚。所以，在她的關係模式裡，表現得好與順從，以及找到一個經濟能力強的伴侶既是創傷也是構建關係的把手。對她來說，只有這樣做才不會被拋棄，才不會遇到父母關係中曾出現的問題。實際上，她在關係裡真正需要的是一種無條件的接納和情感上的連結，而非這些物質條件構成的束縛。但由於她深深地認同自己的父母，所以在無意識地重複這些創傷的關係體驗。

對安妮來說，她在心理諮商中需要的不僅僅是懂得為什麼自己會有這些問題，以及自己的真實需要與擇偶標準並不相符，更重要的是去修復成長過程中的依戀創傷。因為對年少的她來說，並不懂得自己受到的傷害是來自撫養者的態度，而會相信是金錢等物質條件或學習成績導致了自己的痛苦和不幸福。童年時的權威告訴孩子們的標準往往是堅不可摧的，即使有時這些標準有偏差，甚至會阻礙人得到幸福。

這也是為什麼常常會有來訪者來抱怨自己一直找不到合適的伴侶，而當我問起他們在以什麼樣的方式尋找伴侶時，他們往往首先想到：要學業不錯，學歷至少和自己差不多，這樣才會有共同語言；家庭出身、父母社會地位和我差不多，這樣才門當戶對；工作收入也要彼此差不多，這樣才能共同進步。

其實，這些標準不是不對，而是不夠「精細」，所以即使他們找到了符合這些標準的人，他們的哺乳動物腦也仍然會覺得不配、不接受——依戀模式沒有完全相符，沒有連結真實的感受。在現代社會成年人的戀愛關係中，物質條件、學歷、家庭背景等大概就類似於幼猴眼中的乳汁，而依戀模式的相符則是幼猴感受上需要的柔軟溫暖。社會中的一些價值評判往往會放大前者的重要性，以致很多經濟、事業上已經相對獨立成功的人，仍然覺得自己在伴侶關係中需要尋找的是「乳汁」，其實他們沒有那麼需要這些額外的「乳汁」，這些額外的「乳汁」也並不會讓他們感到更幸福、更快樂。找到「乳汁」很容易，因為這些都是肉眼可見的標準，找到「溫暖柔軟的體驗」就沒那麼容易了，因為人對於陌生的體驗總是有所迴避或懷疑的：這真的是我要的嗎？它會一直持續嗎？這種陌生的體驗讓他們很不習慣。

對於人的哺乳動物腦來說，依戀關係的感受是十分重要的，選擇伴侶時也需要它的「同意」才能順利地發展下去。早期的依戀關係體驗對於成年之後的擇偶標準和伴侶相處方式有著很深刻的影響，本書的第五章、第八章會對此進行更詳細的論述。

認知腦：自尊的創傷與認知矯正

大腦最外層的新皮質層，是人類所獨有、具有發達的認知思考能力的部分。這也是人類和其他動物不一樣的部分。很多時候，如果能夠憑藉認知能力努力思考和學習，人也可以改變一部分由爬蟲腦和哺乳動物腦帶來的影響。這也是很著名的心理諮商取向——「認知行為療法」存在的原因。

人的情緒、認知和行為這三個部分就像齒輪一樣咬合在一起（更複雜的情況是這個齒輪體系裡還包括身體感受、情境控制等，此處暫略不談），如果其中的一個部分變動，另外兩個部分也一定會跟著一起變動。人擁有一套更複雜的、認知這個世界和自己的邏輯系統。這套系統高於爬蟲腦和哺乳動物腦控制下的動物本能，是一套深刻影響我們行為和感受的系統。

這套系統帶給人的是對自己和他人更複雜的認識。假如前文所述的兩種創傷類型（生存的創傷、情感依戀的創傷）是大部分哺乳類動物都會有的，那麼自尊自信上的創傷體驗可能就是人類獨有的、基於人類的自我認知能力而存在的一種創傷體驗了。

比如，一隻熊寶寶不會因為熊媽媽告訴牠，其他熊寶寶爬樹能力比牠強而產生自卑心態，從此不敢再爬樹；一隻小母豹也不會因為豹子社會的「重男輕女」而憂鬱。這樣一些損害自尊自信的創傷，恰恰來自人更高級的自我認知和對他人的認知。但這些高級的認知也會被扭曲，這就是為什麼我們常常可以看到一些人明明有能力和資源去過更幸福的生活，卻因為失去自信心而陷入痛苦。

這種認知既然能被扭曲，就也能被矯正。

一隻小鹿不小心跑到高速公路上之後，看到高速公路上飛馳而來的車，牠的爬蟲腦和杏仁核做出的本能反應是嚇呆了，這使牠呆立在路中間，更可能被車撞。其實，以小鹿的身體能力是可以逃跑的。但是，牠的認知能力沒有辦法讓牠在那一瞬間意識到自己有這樣的選擇。而人類則可以透過自己大腦的後天學習，以及對自己認知的回饋和邏輯的思考獲得這樣的能力，使自己在這樣的瞬間做出更合理的選擇。矯正不良認知和行為模式的能力是人類獨有的。

很多人都會有這樣的疑問：心理諮商為什麼要花那麼長時間來剖析自己，而不是去討論應該怎麼辦？事實上，對於大多數認知功能良好的人來說，在知道自己是怎樣的那一瞬間，就知道了該如何改變。

比如，一個人患有社交恐懼症，他不敢在公共場合和人打招呼，因此感到自己得罪了很多人，並且這種症狀對工作關係也產生了很不利的影響。那麼，探索社交恐懼背後的思考和信念就十分重要了。如果仔細探索「不敢和人打招呼」這個恐懼，其背後往往是一些層層遞進的認知、思維和信念。

「為什麼即使看到了對方也不想打招呼呢？」

「因為如果對方不理我，我就會覺得很丟臉。」

「為什麼對方不理你，就會讓你覺得很丟臉呢？」

「因為這就說明他可能很討厭我。而討厭我的原因可能是他覺得我太差了，對我不屑一顧，認為不值得和我打招呼。」

「聽起來好像你堅信別人會對你有一些負評？」

「是的，因為我自己就是這樣看自己的，我認為我沒什麼值得被欣賞的地方。」

所以，他害怕的其實是那種自己沒有價值的感受。

讓人產生焦慮和恐懼感受的，並不是人際交往的事件行為本身，而是一個人對這些事件行為的「翻譯」，即一個人心中的假設和信念。這些假設和信念都在人們的認知範疇內，要改變這些信念和假設往往需要矯正人們的認知偏差。

創傷的類型

在專業心理學對創傷的分類中，最主流的是將其分為「一型創傷」和「二型創傷」。這是按照創傷發生的次數和性質劃分的。一型創傷是指那些一次性的創傷事件，比如意外的交通事故或者有過一次被故意傷害的經歷。二型創傷通常是指在過去的人生中反覆經歷的一些傷害，比如在重要的關係中反覆被拋棄，長期遭受身體虐待等。很多研究表明，二型創傷比一型創傷更容易造成不適應症狀。

在本書中，我一共選出了七種常見的創傷類型（家庭暴力、養育缺陷、死亡與喪失、疾病、關係情感匱乏、分化受阻、集體與權威適應障礙），以此作為主要討論對象。在專業上，它們大多屬於二型創傷，也就是說，這些創傷體驗是在一個人成長和發展過程中長期存在的。

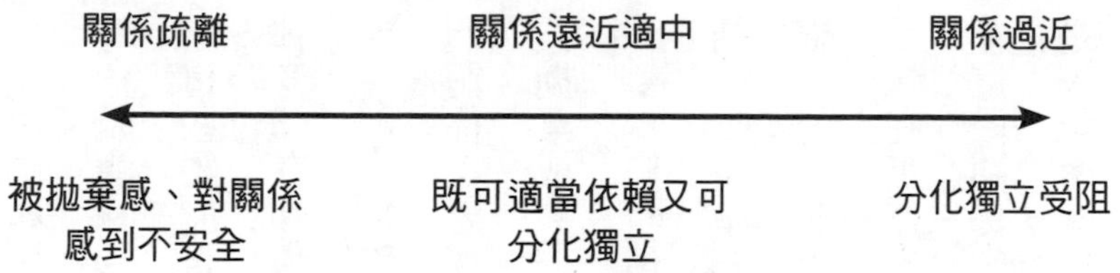

圖 2-2　很多創傷就像光譜的兩端

創傷體驗是人的成長過程中不可避免的一部分，一個人幾乎不可能在沒有創傷體驗的環境下成長——關係太遠了讓人感到被拋棄，太近了讓人感覺被壓迫淹沒，二者只是在程度上有區別。對於培養孩子的父母來說，理解這一點很重要，你的孩子可能無法避免各式各樣的創傷體驗，但是這些體驗是可以用不同的方式方法來平衡和彌補的。有時，現實情況可能令家長被迫「逼迫」孩子做一些事情，比如父母不得不去上班，而孩子不得不去幼稚園，孩子就必須經歷這種必要的分離，但這種當時令孩子傷心的體驗是可以由家長之後的陪伴和安慰彌補的。

可以看出，很多創傷就像一個光譜上的兩端。比如，關係分離造成的創傷和分化失敗造成的創傷，就是在關係遠近程度這個光譜上兩種不同的創傷（見圖 2-2）。

不同的創傷記憶被儲存在大腦的不同區域中，如自然災害、車禍、人身傷害等危及生命安全的創傷被儲存在大腦最核心的部分，即爬蟲腦的杏仁核部分，因為這些經歷是關乎生死存亡的，大腦需要用反應最敏捷的部分記住它們，並且指揮身體在類似的場景中做出最快的反應來避免這些災難。

關乎依戀關係的創傷體驗大多被儲存在人們的哺乳動物腦的部分，這會讓人們記住：怎樣的依戀關係是他們熟悉的，怎樣的關係會讓他們受傷，使他們感到被拋棄或被吞沒。

人們對創傷體驗的連結是非常本能的，讓人很容易跨過其他部分產生情感連結，這也是為什麼有人會說「所謂愛情其實就是兩個人可以分享相似的創傷體驗」。「他能理解我內心最脆弱不安的部分」是親密關係中至關重要的一種感受。在工作中我時常發現，一些來訪者在親密關係中存在的問題，實際上源自他在這段關係中缺乏對自己的創傷體驗的表達和被理解的感受。很常見的一種情況是，親密關係中的一方，為自己過去或原生家庭的某種創傷情況感到羞恥並擔心對方不能接受，所以一直隱瞞。對方在不知曉的情況下就很難和他的這個部分進行連結。在關係的初始階段，這可能不是一個大問題，因為激情可以掩蓋很多東西，但是隨著時間的推移，這部分無法被滿足的需求就會越來越明顯。

關乎自尊、自信感受的創傷體驗多半被儲存於人們的認知腦中。在過去的經歷中，人們認知到的周圍的人對他們的評價，比如老師說「你太笨了」，會逐漸使他們形成一個對自己的評估和認識，讓他們覺得自己不夠聰明，於是就會很不自信。

這三種創傷在創傷機制及其存在方式，與人們情感、思維、身體感受之間的關係等方面都是有區別的，所以仔細地了解自己的經歷和創傷的細節十分重要。只有這樣，人們才能理解自己需要獲得怎樣的治癒和修復。人們在認知層面上的創傷需要對認知方式和思維模式進行矯正；人們在關係依戀體驗層面上的創傷需要對關係有新的體驗和領悟，也就是「再養育」（Reparenting）；而人們在關乎生命安全層面的創傷則需要擁有長期支持性的安全的關係和環境。

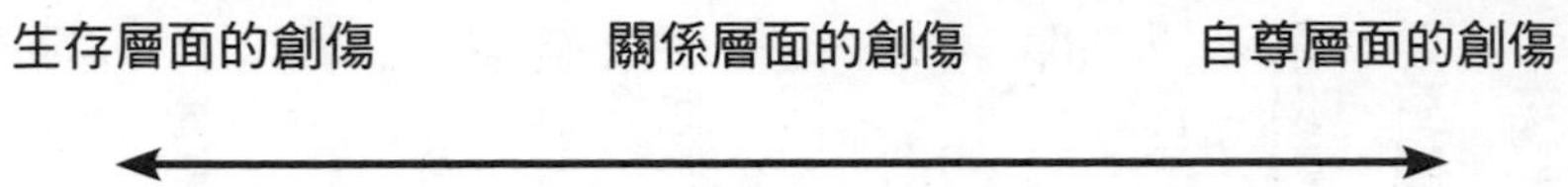

圖 2-3　創傷類型光譜圖

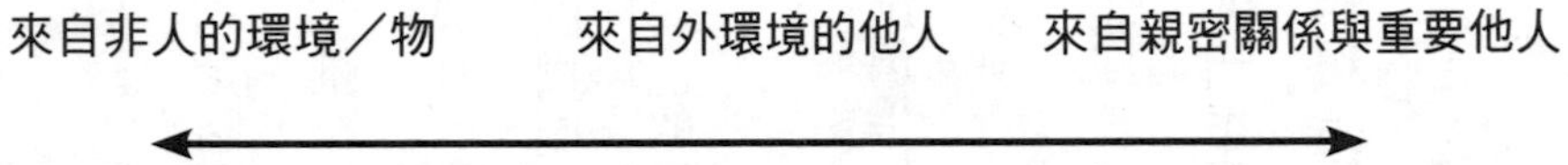

圖 2-4　創傷的來源光譜圖

如果把創傷類型做成一個光譜圖，大概如圖 2-3 所示。

光譜是一個連續性的圖譜，各個點之間不是分離割裂的，而是延續相關的。以光譜圖表現創傷類型，比如家庭暴力這種類型的創傷，就是介於生存和關係層面之間的：既有對生命基本安全威脅的創傷，也有對依戀與情感情緒的創傷。越是親密的人際互動對人的影響就越大，所以，如果一個創傷經歷來自親近的人，就會帶來更深刻的影響。

如果從創傷的來源做分析和區分，該光譜圖如圖 2-4 所示。

比如，來自父母的評價對一個孩子的影響會比來自一個親戚的評價大很多。

透過這些光譜圖，你可以開始嘗試定位自己的創傷經歷的層面和類型。這可能會幫助你找到理解和療癒創傷的方法，比如，當你發現你的創傷是關係層面的，那麼你探索和修復的方向就是建立更健康親密的關係；如果你的創傷是自尊層面的，那麼更加有效率的探索和修復的方向是調整和矯正你的自我認知。當然，這些分類相對籠統，每個人的成長經歷和創傷的細節都不一樣，療癒創傷的關鍵往往就在那些細節的體驗之中。本書的一些例子也許能夠幫助大家找到探索的方向。

第三章

來自家庭內部的危險

家庭暴力是一個頻繁出現在社會新聞中的詞語，是指發生在家庭內部更有權力的成員對更弱勢的成員進行的肉體或精神上的暴力和控制。它是一種對人的關係體驗破壞性極強且普遍的創傷，因為家庭暴力發生在家庭內部互相依賴的成員之間，隱蔽性很強且很容易長期重複，受害者要求助、脫離和復原都有很大的難度。

強迫性重複：傷我最深的人，為何我卻難以離開

在生活中，很多人都會發現一個奇怪的現象：有些人總是離不開對他極為糟糕的、暴力的另一半。在受到傷害時，他們聲淚俱下、痛下決心這次一定要分手，但過不了多久，他們就又會回到那個人的身邊。離不開對自己施虐的親近的人，是一個比我們預想中普遍得多的現象。

西方文學史上有一樁著名的公案：女詩人希薇亞．普拉斯（SylviaPlath）之死。普拉斯是二十世紀最優秀的美國詩人之一，才華橫溢的她，卻因為情感創傷過早地結束了自己的生命。為什麼她寧願結束自己的生命，也無法和過去斬斷連結呢？

希薇亞．普拉斯去世時只有三十一歲，留下了兩個年幼的孩子和幾卷潦草的手稿。正是這些手稿裡的詩歌讓她成為文學史上一顆耀眼的明星。每個讀過普拉斯的詩歌的人都會為這位早逝的天才感到惋惜。

年輕時的普拉斯是一位天才學生，她的智商高達一百六十，從小就展露過人的寫作才華。從著名的史密斯女子學院畢業後，她獲得了「傅爾布萊特計畫」的資助，考取了劍橋大學。也就是在劍橋大學，普拉斯遇到了那個永遠改變她人生軌跡的男人——泰德．休斯（Ted Hughes），一位同樣才高八斗的英國詩人[1]。他們很快相愛、結婚，並且撫育了兩個孩子。

這聽起來本是一段天造地設的愛情童話，出乎意料的是，這段婚姻開始不久就觸礁了。休斯不僅有多段婚外情，而且總是貶低、不尊重普拉斯。普拉斯在第二次懷孕時就曾因為休斯的家庭暴力而流產。一年後，當普拉斯發現休斯再次出

1 他曾獲得英國詩人中最高的榮譽稱號「桂冠詩人」，歷史上只有十幾個人獲此殊榮。

軌，並且出軌對象是已婚女房東時，兩人最終離婚。五個月之後，撫養著兩個小孩的普拉斯在自家的公寓中自殺。

泰德·休斯卻在和普拉斯離婚之後與那個已婚的女房東，即同為詩人的阿西婭·韋維爾（Assia Wevill）住在了一起。同居後，阿西婭懷上了休斯的孩子，但休斯沒有和阿西婭結為夫妻，而是很快開始了和另外兩個新情婦的關係。在得知普拉斯自殺後，阿西婭開始覺得良心不安，並且開始出現精神失常的徵兆。普拉斯死後六年，阿西婭也以自殺終結了自己的生命，還帶上了她和休斯四歲的孩子。

普拉斯和阿西婭的自殺並沒有妨礙休斯的正常生活。休斯不僅獲得了無數榮譽，還牢牢掌握著普拉斯所有未出版內容的控制權和所有出版作品的版權。我們無從得知在人生最後的日子裡，普拉斯到底想了什麼，她和休斯之間究竟發生了什麼，因為休斯銷毀了普拉斯最後一冊日記。

很明顯，不論從哪方面看，休斯都是一個感情中的捕食者、加害人。可是，面對一個這麼糟糕的伴侶，普拉斯在情感上為什麼無法選擇和他一刀兩斷呢？

部分答案就藏在普拉斯的原生家庭中。她的童年是不幸的，在她去世四年後，我們才有機會讀到了她生前沒有發表的詩歌——〈爸爸〉（*Daddy*）。從這首詩歌裡可以看出，普拉斯的父親給童年時期的她帶來了深刻的陰影。她的父親是一個暴力的男人，對她造成了很多身體和情感上的傷害。在詩中，普拉斯把父親的影子投射在了泰德·休斯的身上，她甚至直接把他們看成了一個人的兩面。這首詩以普拉斯對父親的控訴開頭，以父親和丈夫的結合為高潮，最終在她的毀滅中收尾。這首她生前寫就的詩和她的整個人生就像平行時空般一一對應，其中的深意讓人不寒而慄。

為什麼人會離不開傷害自己的人呢？普拉斯的案例體現了「強迫性重複」概念。每個人都多多少少像強迫症一樣想去重新體驗創傷的經歷，很多行為和關係選擇不能簡單地被「趨利避害」或「追求快樂，躲避痛苦」的理論解釋。

強迫性重複就像你不小心踏入了一個陷阱，並在其中受傷了，你費了很大的力氣才爬出來，然而當你再看到一個類似這個陷阱的地方時，你卻會想要踏進去試一試，想看看這個陷阱是不是真的很可怕，自己是不是更有能力來克服這個場景。

比如，一名小女孩有一位特別嚴苛的父親，他極少給予她表揚和正面評價。小女孩長大以後，她反而會被與父親類似性格的男性吸引，甚至會選擇這樣的人作為伴侶。為什麼呢？因為小孩不會明白自己得不到正面評價並不是因為自己做得不夠好，而是由於父親過於嚴苛。小孩永遠都希望得到父母的積極關注和評價，所以在他們的心裡，一直存有這樣一個幻想：如果我做得足夠好，父親就會改變他的態度，如果他真的改變了，我就會得到極大的幸福和快樂。

由於童年的這種模式，當她再一次遇見一個很少給予她正面評價的人時，她的這種幻想機制就會被勾起來。她甚至會產生一種「重燃希望」的感覺，幻想也許這一次，自己就能透過努力改變那種不被認可的場景，可以重新掌控自己童年時無力的狀況。生命早期的體驗總帶給人強烈的情感感受，當被給予「第二次機會」時，人會感受到強大的吸引力。人們似乎都希望自己能夠當自己的治療者，抓住「第二次機會」來修復自己的創傷，彌補遺憾。

但是，很多類似情況並不是因為她做得不夠好，而是對方本來就是一個不善於正面回饋的人。無論她怎麼努力或表現，對方都很難改變，她卻會再次像小時候一樣，體驗那種無力和無助感。事實上，修復自己創傷和彌補遺憾最好的方式不是再進入一段相似的關係去改變，而是相信這一切不是自己的問題，並選擇構建真正包容、支持性的關係。

這個過程反映了很多人重複進入相似模式的原因——強迫性重複。

在所有強迫性重複的關係模式中，重複進入身體暴力關係無疑是最有害也最危險的一種。很多沒有經歷過家庭暴力的人不理解：為什麼這些受害者不直接離開這種有害有毒的伴侶或環境呢？事實上，家庭暴力帶給人的不僅是身體上的傷害，更多的是精神上的剝削和恐懼。

經歷過家庭暴力（尤其是在人生的早期階段）的人，幾乎都會有「自體破碎」的體驗。所謂自體破碎的體驗，是指那些讓人感到極度恐懼、羞恥、焦慮、使人無法自主行動、對人的自尊產生極大衝擊的崩潰體驗。而家庭暴力絕對是帶來自體破碎體驗的顯著原因之一。

試想一下，如果威脅自己生命安全的人是自己最親近的人，是自己依賴和尋求保護的對象，那麼這種情況會讓人產生多麼複雜和困惑的感受：我到底應該逃離這個人還是應該向他尋求保護？我能逃到哪裡去？我可以反抗、攻擊他嗎？如果我反抗、攻擊他，自己會不會受到更多的傷害？連最親近人都會讓我感到危險，那麼還會有其他人讓我感到安全並且會保護我嗎？我怎麼知道外面的人不會這麼做呢？

當事人的這種不安全感不僅會在家中出現，還會隨著他的成長和發展被帶到學習和工作的社會環境中去，對他造成普遍的人際功能損害。

研究顯示，親密關係中的暴力有著一定程度的成癮性。一種常見的情況是，親密關係中的施暴者在施暴後會產生愧疚感以及對失去關係的恐懼感，所以他們往往會做出各式各樣的「甜蜜」行動去補償被害者。這樣被害者就會認為原來這個關係還是有希望的，自己在受傷之後還可以得到自己想要的溫柔的、被呵護的感受，因此雙方又進入一個蜜月期。很多被害者在這個階段甚至還會反省自己，認為是自己的問題才會讓施暴者在關係中表現出暴力傾向，從而以更討好的姿態與施暴者繼續相處，直到下一次暴力出現。

深刻地覺察和清醒地感知這種重複模式是至關重要的，這是脫離強迫性重複的第一步。

另外，能夠離開重複傷害自己的關係還需要自身認為自己具備力量和資源。比如，對普拉斯來說，她沒有自信和資源認識到自己可以擁有更加安全的關係，因為她的父親就是那樣暴力地對待她的，她很難體驗到更好的關係。她沒有看到自己的力量，雖然用了很多年，她最終還是離婚了，離開了這段關係。普拉斯雖然已經動用了自己的認知資源和情緒能力去避免再次體驗暴力經歷，但在此基礎上，普拉斯還可以繼續進步，去改善和獲得更好、更安全並讓她受到更多保護的關係。遺憾的是，她當時沒有來得及看清這一點，沒有意識到自己的能量，所以她失去了信心，以為自己無法得到真正的愛情和更好的關係，最終絕望地放棄了生命。其實，如果當時她能多得到一點幫助和支持，一切就會有所不同。

家庭暴力：為何人際交往中很難控制憤怒情緒

28歲的J先生來做心理諮商的原因是，他在日常工作交往中很容易感到憤怒，雖然他和別人發生衝突的事件並不多，但他非常擔心自己會與他人大打出手，從而導致嚴重的後果。他無法建立起任何親密關係：與父母的關係十分疏離，在工作中與同事和上級相處也讓他感到十分困難。童年時，他與母親曾遭受父親較為嚴重的家庭暴力，他一直認為「做什麼事都需要小心翼翼，不然就會有嚴重的後果，甚至生命受到威脅」。

J先生有著現實層面的擔憂和焦慮，針對這種情況，在深入挖掘他的早期歷史或複雜關係前，先幫助他在比較現實且基礎的層面分析和改善問題是很重要的，所以基礎的諮商目標是減輕J先生在工作關係中的情緒焦慮。

J先生在現實層面的議題是難以控制憤怒情緒，以及擔心與人發生衝突。當我「就事論事」地與J先生討論他最近人際交往情景中的現實矛盾和感受時，我很快找到了一些較為可行的改善方式。

J先生最近一次感到憤怒是因為一個職位比他高半級的同事在吃完午飯後把垃圾留在了他的辦公座位上，他感到格外憤怒，甚至想要和他打一架。他把自己的感受描述為「感到一股熱血湧上頭，腦子裡充滿了憤怒，別的什麼想法也沒有了」。

我與J先生詳細討論了這個過程，挑戰了他的「自己腦子裡除了憤怒什麼也沒有了」這個想法，發現他之所以這麼憤怒，實際上是因為他認為這個比他高半級的同事平時就對他頤指氣使，他對此非常不滿。當他發現對方飯後把垃圾留在他的辦公座位上時，他堅信對方是在向他表達鄙夷和挑釁。事實上對方是不是真的在表達鄙夷和挑釁呢？後來J先生回憶，那天中午有個緊急會議，大家吃飯時都很著急，所以對方有可能是真的忘記了，並且對方之前也沒有過類似的行為。

家庭暴力對一個人最負面的影響，是讓他在成長過程中無法習得健康有效的人際溝通方式，而只學會了暴力的應對機制，這種應對機制在正常的人際關係中會讓人顯得可怕和無常。J先生之所以會產生與對方打一架的想法，也是由於他的早期經歷使他認為，生氣、不滿和衝突這些正常的人際狀況意味著一定會發生肢體衝突，而一個人應對肢體衝突的唯一方法就是反抗和逃跑。

在J先生的記憶深處，一直有一個非常可怕的場景：「當時我應該是八九歲，爸媽不知道因為什麼又吵了起來，我爸當時對我媽大打出手，我很擔心我媽，所以就想去勸我爸，但他看到我更加暴怒，從廚房拿出菜刀，威脅說我再不滾回房間就要砍死我們。」

這就是J先生體驗到自體破碎的時刻。

後來這個場景無數次地在J先生的腦海裡浮現，即使在成年之後，他也會時不時地想起這個場景。這個記憶會讓他從現實中抽離，沉浸在一種悲傷且憤怒的情緒之中。他意識到這一點非常困擾他。J先生的父母對他學業方面的要求也很嚴格，他記得自己小時候，如果作業有任何錯誤，母親就會用尺打他的背，這讓他每次寫作業都要「繃緊神經」。

在交談中，J先生經歷了一個漫長的探索過程，回憶當時發生了什麼，以及他在那段經歷中有怎樣的情緒體驗和情感感受。J先生不僅需要清楚地回憶當時發生了什麼，還需要理解自己當時有怎樣的感受，以及自己會基於這種感受對人際關係產生怎樣的理解和需要。

在此過程中，J先生逐漸領悟過去的家庭關係和經歷對自己的影響。比如他之所以在上司面前緊張，可能是因為他對成長過程中感受到的父母對他嚴苛的要求的移情。在他的認知中，凡是權威人物都會不留情地批評、懲罰他，即使現實並非如此。

父母的教育方式使得J先生極度缺乏自信心，即使他已經做得很好，也會懷疑和批判自己。這是J先生在童年時為了避免體罰而建立起的防禦機制。在童年時，他這樣做也許能夠保護自己，使他免受一些皮肉之苦，但是到了工作環境中，這樣的防禦機制卻讓他舉步維艱，對批評的恐懼使他無法順利完成工作。

當J先生能夠從創傷感受中獲得一定程度的復原，心理力量恢復到更好的水準時，他就能在現實關係中停下來思考：我的上司真的在無情地批判我嗎？也許他只是就事論事地提出工作要求，也許自己應該更客觀地理解工作要求，更多地認同和肯定自己。J先生因為工作關係的苦惱來尋求幫助，最後卻發現問題其實存在於自己早年和父親的關係中。在深刻地理解了這一切後，他慢慢地能夠在工作關係中保持較為平穩的情緒狀態，更加客觀、積極地評價自己的工作表現。

一般來說，女性對於家庭暴力反應的外顯性沒有男性那麼強，但是家庭暴力也會使她們產生很明顯的情緒和人際問題，只是大多數女性更傾向於內化處理這些問題。

曉佳因為找不到合適的戀愛對象、無法建立良性的工作關係前來諮商。工作中，讓她一直很苦惱的問題是，她有一個十分強勢的上司，常常要求她做很多額外的工作，並且對她的工作十分挑剔。但是，即使曉佳知道上司對自己工作的苛責是不合理的，她仍然會十分害怕。她不敢為自己辯解，只會說「我知道了，下次一定注意」。這樣的事情常常發生，她感到很壓抑。

在了解曉佳的成長經歷時，我們得知她有一位十分嚴格的父親。小時候令她印象深刻的一件事情是，當她寫作業不小心把筆劃寫出了田字格時，她的父親會比她先發現，然後猛打她的頭，並且質問她為什麼那麼粗心大意，警告她下次不許犯錯。每當這時，她都默默地噙著淚水將作業重新寫一遍。她曾經試圖反抗父親的要求，得到的卻是更嚴厲的體罰和批評。她回憶自己的過去，感覺自己沒有一次能成功反抗父親。

曉佳在大學時期曾經試圖追求一名男生，但是過程並不順利，她不敢向對方表白，並且每當感受到自己的暗示有任何被拒絕的可能時，她都會表現得非常傷心和脆弱，導致關係無法繼續下去。比如，有一次約會時，曉佳表達自己需要去上廁所，她觀察到對方皺了一下眉頭，因此就猜測對方內心可能很不耐煩，很有可能會對自己發怒，她為此感到很恐懼，覺得對方不適合自己。在之後的約會中，她也常常遇到相似的情景。她總是帶著擔憂和恐懼：對方會不會覺得我不夠漂亮？如果我拒絕一些曖昧的行動和表達，對方會不會覺得我無趣就不理我了？但是，如果不拒絕，對方會不會覺得我輕浮？更讓她困擾的是，如果自己不小心做了什麼讓對方不高興的事情，對方會不會對自己很凶？儘管她常常感到極其孤獨並且渴望親密關係，卻很難找到合適的對象。

曉佳的問題在於，她很難在不感到恐懼和被打斷的情況下確定自己是誰、想要什麼，以及如何以適合自己的方式滿足自己的需求，建立讓自己真正舒適的關係。在成長的過程中，她一直將自己定義為一個他人要求和標準的服從者。她抱著這樣的想法，在工作和學業上，即使感到不舒服，也可以得到不錯的成績；但在親密關係方面，這種他人要求的服從者和滿足者的自我定位並不能幫助她獲得滿足感。當她開始與異性相處時，她與父親的關係模式就會被啟動，對方任何讓她感到陌生或困惑的行為都會讓她覺得害怕，使她覺得自己的行為是有瑕疵的，從而使她的自尊心受到極大傷害，所以她很難持續地留在一段關係之中。

透過對曉佳親密關係模式的探索，我們發現：因為成長過程中的暴力干涉，曉佳的「自我同一性」一直沒有很好地建立起來。所謂自我同一性，是指一個人的情感、需求、能力、內部動力達到一個相對一致的狀態，這樣這個人才會感到自己是協調的、和諧的。曉佳的自我同一性沒有很好地建立的原因就是，她的情感需求和她的能力及內部動力之間沒有得到良好的統一。情感上，她需要的是溫和與包容的親密關係，但是由於她的成長創傷，她把自己的內部動力用在了逃脫令她害怕和焦慮的關係上，而她的能力主要用在了滿足權威對她的要求上，因此她無法將足夠的動力和能力用在一段情感關係裡，也就沒有足夠長的時間來驗證一段關係是否真的適合她，她可能會因此錯過原本健康、包容的親密關係。

曉佳需要實現如下成長：認識到親密關係中的自己或他人並不像小時候的作業那樣，可以用「好」或「不好」來判斷，也不是所有人都會像她的父親一樣，嚴格地要求和懲罰她，建立和維持關係需要更大的彈性和更多的溝通過程。在了解了自己內部的矛盾之後，曉佳開始勇敢地探索自己在人際關係裡的可能性。她依靠自己的觀察得出一個結論：原來每一次上司冤枉她時，她都會選擇像小時候一樣不還嘴，上司反而會堅定地認為她就是錯了，從而變本加厲地指責她，而當她能夠正當地維護自己、表達自己的處境和需求時，上司反而會讓步。

曉佳經過各種類似的人際關係實驗後，感到自己的勇氣逐漸增加了，並開始意識到自己有能力維持一段有衝突的人際關係——她可以為自己的意願和需求發聲，而不是只有逃跑和離開這一種選擇。在有了這樣的領悟之後，曉佳的自我同一性被更好地建立起來了，她的內部動力和她對自己能力的認知能夠符合她的情感需求了。她逐漸嘗試進入一段深入的親密關係，最終找到了一個符合她情感需求、對她溫柔而包容的伴侶。

總而言之，**對於有過家庭暴力創傷經歷的人來說，要實現創傷修復和人際成長，最核心的兩個方面是避免強迫性重複與重建自體感和自我同一性**。前者是指要避免像希薇亞·普拉斯那樣，被相似的有暴力和懲罰傾向的人及關係吸引並幻想自己可以改變對方；後者是指要像曉佳那樣，重新認識自己與這個世界的關係，建立更健康的自我認知。他們需要體驗到，在人際關係裡，自己不能為了躲避暴力懲罰或滿足他人情緒的要求而被異化，而可以根據自己的情感需要和信念自由選擇和行動。

第四章

早期養育缺陷與親密關係

一個人在成長過程中看似會經歷無數人際關係，實際上對人有深刻影響的關係幾乎只有原生家庭關係和親密關係。只有在這樣一些個體能真正依託放置自己的內在需求的關係中，那些內心深處埋藏的對於關係的理解和感受才會浮現。養育關係的體驗奠定了一個人對於關係的基礎體驗，養育關係中好的部分會作為構建親密關係的基礎框架被吸收，而那些匱乏和有缺陷的部分則會令人恐懼和防禦，為親密關係的建立帶來深遠的影響。

在愛情中「被騙」：早期養育創傷對人的影響

創傷經歷對人有一種潛在且深刻的影響，即部分經歷過某類創傷的人，會在日後尋求關係時把關係分成具有某種創傷可能性的類型和不具有某種創傷可能性的類型。

這種「二分法」似乎有利於人們避免經歷相似的傷害。比如，一個小女孩看到，在父母關係中母親是照顧者，父親是被照顧者，但之後母親被父親拋棄了，所以這個小女孩下定決心「自己絕不能成為一個關係中的照顧者」。在她成年之後，如果有人表示，希望嘗嘗她做的美食，她就會很警覺並且討厭這個人。又或者，一個自幼感到被忽略的男孩，下定決心要找一個對他十分關注、體貼的伴侶，則任何在關係中讓他感到被忽視的人，比如不能及時回覆他訊息的人，都會被他「立刻否決」。這種對關係類型自動分類的做法，究竟會對人際關係產生怎樣的影響呢？

吉娜第一次來到諮商室時，是與一位男士一起來的。雖然我很好奇他們之間的關係，但我沒有直接問，而是希望她在感到舒服時主動提起。

吉娜留著捲曲的短髮，身材小巧，帶著一種令人憐惜的氣質，眼神裡似乎有種迷茫和躲閃。她來諮商關於戀愛關係的困惑。她感覺自己找不到一段互相信賴的親密關係，即使進入一段戀愛，對方也對自己挺好，她也無法與這個人一直在一起。過不了多久，她就會解除這段關係。

之後，吉娜用了十幾節諮商的時間和我談論了她的成長經歷和感情歷史，這揭開了她困惑的來源。吉娜出生在一個有五個孩子的家庭，她是其中最小的一個。在成長過程中，她總感到自己是被忽略的那一個。父母的經濟條件很一般，家裡常常需要靠救濟度日，所以每當有好吃好玩的東西，兄弟姐妹們都會去爭奪。在她的記憶中，爭奪資源已經成為一種習慣，她也不會為此有太多抱怨。但讓她傷心的是，她的生日與一個姐姐的生日只隔了幾天，所以大人們每次都會讓她和姐姐一起過生日，讓她和姐姐分享同一個生日蛋糕。並且因為她年紀小，所以得到的生日禮物常常不如姐姐的好。這件事讓她非常傷心，使她感到自己只是父母眾多孩子中的一個，感受不到自己是特別的存在。

經濟上的貧困還不是最糟糕的部分，最糟糕的是情感上的忽略和傷害。吉娜的父親常年酗酒，喝多了就會大發脾氣，甚至對她的母親大打出手。吉娜的母親無法反抗這種關係，於是選擇了逃離，常常一消失就是一兩週。這讓孩子們常常擔心，媽媽會不會某一天再也不回來了。

就這樣，吉娜在對父親的恐懼、母親的擔憂以及與姊妹的競爭中長大。雖然在家裡得不到關注，但是吉娜可以從別的地方得到這種「自己是特別的、被關注的」的感受。從十六歲開始，她就與一些「來路不明卻很酷」的人一起玩樂。在她眼裡，這些人認為她很特別，尤其是一個叫傑斯的青年。

在那時的吉娜眼中，傑斯是初中以後就輟學「做生意」，靠自己的能力獨立生活的、有魅力的男性。他常常會帶她去餐廳吃飯，並且送她的禮物是「這是我在精品店看到，覺得很適合你」的禮物。這些對她來說是前所未有的幸福體驗。她當時深深地相信，傑斯就是她的真命天子，是給予她幸福的、命中註定的愛人。十六歲的她心無旁騖地愛並崇拜著他，也十分樂意為他付出，盡可能地做著傑斯指派給她的每一項工作。其中包括送貨給一些客戶的工作，雖然她不清楚這些貨物是什麼，但也從沒有因此懷疑過傑斯。因為，傑斯確實是她在生活中遇到對她最好的人，他怎麼會害她呢？

後來，傑斯提出了更過分的工作要求。吉娜終於忍無可忍，開始拒絕工作，這時她卻得到了可怕的回應：傑斯的拳頭。她幾乎是在暴力和傑斯對她的生命威脅下繼續這份「工作」的。

即使被這樣惡劣地對待，吉娜也在忍受了好幾個月以後才決定逃走。她逃走時甚至仍然帶著對於「失去愛」的遺憾。直到今天，吉娜坐在了諮商室裡，她都對這段經歷感到十分困惑：她以為自己得到了愛，但得到的是更悲痛的經歷。直到我帶她回顧這段關係，她才在震驚中反應過來：原來她遇到的根本就不是什麼真愛，而是一種控制和剝削。

即使傑斯在欺騙吉娜的感情，但對當時的吉娜來說，這也已經是她得到過的最好的「愛」了。與其說吉娜沒有意識到傑斯的欺騙與利用，不如說缺愛的吉娜不敢面對和承認這一點。

吉娜這種情況就體現了創傷對人在選擇人際關係時的「二分性」影響。吉娜在親密關係中會把人單純地分為「關注我的人」和「忽略我的人」。這種二分法，使得她在很多時候忽略了影響關係的其他重要因素，比如對方是否誠實、正直、守法等。對於關注的強烈渴望，讓吉娜對傑斯那樣的情感捕食者產生了一種很盲目的愛。傑斯表演給吉娜的形象非常符合她的理想伴侶設想，他那麼關注她，盡力滿足她的日常所需，彌補了她孩提時最缺乏的體驗，這甚至讓她在很多原則性問題上退步了。情感上得到的滿足讓她難以理性地思考她的選擇。

吉娜之後的情感關係也一直保持著用自己的價值和屈服交換「愛」的模式。因為她最想要的是關注和照顧，所以她也願意為此表現得順從。對吉娜來說，別人對她順從的誇讚也是一種認同。因為在吉娜的成長過程中，父母從來沒有在她取得了好成績時誇獎她努力，也從沒有人在她幫助樹上的小貓時誇獎她善良，所以她並不知道如何辨識什麼是「好的認同」，什麼是巧言令色，只要是認同，她就照單全收。

早期關係創傷帶來的對關係的「二分性」理解，在某種程度上會蒙蔽人們，使人們變得混沌。

關係中的創傷之所以會造成一個人的低自尊和低自我價值感，使人產生這種「二分性」觀念，很大程度上是因為人們對「需要」和「愛」的混淆。當一個人在成長過程中沒有獲得認同時，他就會失去基本的辨識能力，對於他人給予的「愛」照單全收。這正是吉娜雖然在以她的方式努力辨別她想要的關係，但是始終沒有得到一種真誠的、無條件的愛的原因；這也是她雖然一直渴望關係，卻無法與一個人做出相伴一生的承諾的原因：她對真正的愛的匱乏感，無法被一種充滿利用的需求關係填滿。

傑斯給她的不是愛，因為傑斯限制了她的人身自由，也不尊重她的決定和感受。

吉娜在進行心理諮商的過程中逐漸認識到自己的真實需求——儘管那是一種令她感到陌生的、沒有得到過滿足的需求。

對吉娜來說，她的成長目標不僅是從二分的識別關係的方式中脫離出來，更是學會如何辨識真正的愛，如何愛自己和他人。吉娜最終決定離開當時的伴侶。她上了大學，並且在過程中遇到了一位與她一樣愛好攝影的同學，之後她和他進入了一段穩定而專一的親密關係。在這段關係中，吉娜能夠感受到對方對自己真正的關注：把她當作一個特別的個體，尊重她的喜好和意願，最重要的是，當他們有的想法不一致時，對方不會試圖用任何現實或情緒的手段控制她。

很多人以為愛是人天生的能力，是每個人自帶的功能，事實並非如此。愛是一種高級的情感、一種藝術，是當一個人滿足了自己的基本需要之後才會發展的能力。當一個孩子出生在這個世界上時，他很需要父母對他無條件的哺育、保護、照顧、尊重，並且滿足他對生存、安全和依戀的各種需要，這樣他才能健康地成長。如果這些基本需要沒有得到滿足，孩子雖然也會長大成人，卻會不斷地尋求那些沒被滿足的原初需要，並可能把這些需要與愛混淆，導致他們即使受到很多傷害也無法得到自己真正想要的愛。

愛是自由與尊重的「孩子」。在此次諮商中，吉娜最重要的領悟是「會一直記得，如果一個人不給我自由，讓我去做我不想做的事情，或者不尊重我，讓我覺得自己沒有價值，那麼他給我的就不是愛，我不會與那樣的人在一起」。吉娜不再像以前那樣盲目地渴求愛，而是獲得了感受和思考的能力，能夠去判斷一段關係是只滿足了自己混沌的需求，還是有更清晰的尊重、承諾和付出。這大概是一個人在尋求親密關係的過程中需要具備的最重要的能力了。

忽遠忽近的親密關係：兩種對於原始恐慌的防禦反應

與重要的人分離的恐懼是一種深深根植於人們內心的存在性恐懼。在兒童發展的早期階段，當客體恆常性還沒有被建立起來時，像「爸爸媽媽去上班了」這樣短暫的分離也會帶給兒童很大的恐懼感。因為在那個階段，兒童無法理解父母只是換了一個空間存在，之後還會回來，他們在心中會以為父母消失了，看不見也摸不著了。

在成長的早期階段，一個人對於分離的體驗會對他的人際關係產生很深遠的影響，甚至塑造他今後人生中的人際關係模式。神經心理學家賈亞克・潘克塞普（Jaak Panksepp）指出，在親密關係中，人會有兩種對於原始恐慌的防禦方式：

①為了從重要的人那裡得到肯定和安慰而變得依賴。
②為了保護自己內心的平靜而變得冷漠、迴避和退縮。

前文中的吉娜就是使用第一種防禦方式的人，她非常需要關係的存在，即使對方已經傷害了她，她也不會選擇離開，而是更加努力地去貼近、討好、確認自己在對方心目中的存在。

當然，後一種防禦方式也普遍存在。在精神分析理論中，有親客體和疏客體兩種概念。有親客體傾向的人偏向於接近重要的人，覺得與可依靠的人緊密相處會為自己帶來安全感。有疏客體傾向的人，和別人靠得太近時則會產生不安全感和焦慮感，保持和他人之間的距離可以為他們帶來安全感。這也可以解釋為什麼同樣是在面對關係中的分離時，人會有不同的反應。當然，有些人會兼具這兩種傾向，只是程度上有所區別。但是，這兩種傾向中的某一種如果變得特別極端，就會對形成親密關係造成很大的困擾。

小玫是一位事業有成的女性，能夠創業並且親自參與公司管理，但在她的自我認知之中，「我是留守兒童」是一個非常顯著的自我認知。在她三個月大時，父母就留下她去外地打工了，她一直在爺爺奶奶的撫養下長大。爺爺奶奶雖然對她也不錯，不會讓她挨餓受凍，但是他們並不了解這一代小孩的成長需要。雖然父母會定期給爺爺奶奶充足的撫養費，但是爺爺奶奶在必需品以外的消費上非常謹慎。小玫記得，當時和她一起玩的小朋友都有一種電動小賽車，當她向爺爺奶奶提出請求時，他們以「這是沒用的東西」為由拒絕了。

對小玫來說，這個玩具不僅是用來娛樂的，更是一種融入同輩社交的工具。在很長的一段時間裡，周圍小朋友們的課餘活動都是聚在一起玩小賽車，而她只能在一邊看著卻無法加入。類似的事情還發生過好幾次，比如別人都有了滑板車而她沒有；別人都有了電子寵物而她沒有，等等。時間長了，身邊的小朋友會對她說「你每次都借我們的玩，你自己去找爸媽買給你」，然而她的父母不在身邊，這讓她感到十分無力。她也曾嘗試和爺爺奶奶提出這樣的要求，但是都被不由分說地拒絕了，當時他們根本沒有能力同理小玫的人際社交需求。

小玫在諮商室裡表達了很多對爺爺奶奶的憤怒：他們為什麼對我那麼小氣，讓我被周圍的人瞧不起！實際上，她的主要人際創傷並不源自她的爺爺奶奶，而源自她缺席的父母——無數的案例和理論讓我們明白，隔代的撫養不可能銜接孩子成長中的人際需求，即使爺爺奶奶再努力，也很難填補父母的缺席。

小玫對爺爺奶奶的憤怒，實際上是一種對父母不在場的無力感的防禦：畢竟，了解她的社交需求並且滿足她的物質需要的人應該是她的父母。但她無法對父母表達憤怒：他們在家的時間那麼少，對她來說，逢年過節他們在家時已經是難得的好時光了。父母在與她短暫相處的過程中也會給她零用錢、買衣服和玩具給她，以彌補平時的缺席。這些當然讓她更無法直接對父母表達失望和憤怒，而只能對平時沒有直接滿足她要求的爺爺奶奶感到憤怒了。

對小玫來說，她的創傷不在於「爺爺奶奶拒絕買玩具給她」這個表面現象，而在於「爸爸媽媽沒有關注她的需求」這個根本原因。所以，小玫在成年以後的人際關係裡常常沒有安全感。她和好幾任男友都是異地戀，雖然她自己覺得這並不是一個問題，但是在潛意識層面，她在重複童年時的經歷：長時間分離以及短暫相聚時高濃度的快樂和幸福。

在小玫的世界中，與人相處的感受被顯著且抽象地一分為二了：與人長期相處時感到不被理解和不滿足，以及與人短期相處時感到額外的滿足和快樂。她在潛意識層面有這樣一個想法：只有與人長期分離，偶有相聚時，才會有好的體驗。這就是為什麼她選擇進入的親密關係都是遠距離的，她很難相信朝夕相處的關係也可以令人滿足和快樂。

經歷了幾段失敗的異地戀後，小玫在心理諮商中意識到了自己的這個模式，並開始做出調整。她開始嘗試和日常生活中有可能長期相伴的人發展關係，並遇到了可以朝夕相伴的男朋友。但她又遇到了一些苦惱。有一次，她向我傾訴，為什麼近距離的關係往往也會有遠距離的感覺？比如，對方有時幾小時後才回覆她的訊息，這讓她感覺自己被忽略了。又或者，當和對方約會共進晚餐時，對方並不總像自己理想中那樣為自己體貼地拉椅子，這也讓她覺得很失落。每一次遇到一些讓她不滿的事，她的反應都是十分迴避的：她會明顯地表現出失落和沮喪，不想說話，想要離開當時的場景。有幾次，她甚至離開了正在吃飯的餐廳或離家出走。

在真實的關係裡，有時忍受那些不好的部分是讓一個人感受到好的部分的基礎。在一段朝夕相處的關係中，人是無法做到像短時間團聚那樣情緒高昂、互相積極關注的。一段持續性的關係中允許存在衝突和矛盾，衝突和矛盾也可以在關係中被彌合和處理。小玫卻從未體驗過這種關係。在她的記憶裡，每一次對父母產生不滿、失落和憤怒的情緒，都以她還在氣頭上而父母已經離開的方式收場。那些不滿和失落的情緒立刻被轉化為離別的不捨和悲傷，從來沒有被真正看到和處理過。

很多時候，人們以為自己的行動是在追求幸福或者逃離痛苦，實際上卻是在追求熟悉的、重複的、已知的模式——雖然有些不舒服，但至少自己經歷過這種情況，不會出現超出預期的情況。熟悉往往讓人有安全的錯覺。對小玫來說，「分離」是父母帶給她的既傷痛又熟悉的感受，所以她下意識地用逃離的方式來處理關係中的衝突和矛盾。因為當矛盾和衝突發生時，她不知道繼續和對方相處、繼續對話後會發生什麼，會不會發生更嚴重的事情並且會傷害到自己，所以她寧願選擇一次又一次地重複和父母的關係模式，用離開來迴避矛盾。

但是，這樣的處理方式反而給對方造成了很多困惑，對方甚至還不明白究竟發生了什麼，她就已經奪門而出，她也沒有給對方任何解釋的機會，這使得兩人的關係無法改進和修復。小玫意識到自己反應機制的來源後，當衝突再次發生時，她就能開始和自己對話，提醒自己正在發生什麼並不斷告誡自己，關係中的不滿和矛盾不是只能靠離開這一種方式處理。當她能夠慢下來，允許自己暫時留在衝突的場景之中時，她慢慢發現，原來伴侶願意陪伴她一起去探索問題的根源，並且不會輕易離開，而她之前很恐懼的部分並沒有那麼可怕——這就是她所需要矯正的體驗。

愛的藝術：去識別自己在關係中所恐懼或迴避的

佛洛姆（Erich Fromm）在《愛的藝術》（*The Art of Loving*）裡談到，愛不只是一種強烈的感情，還是一種決定、一種判斷、一種承諾。他反覆強調，愛不是很簡單、很常見的，也不是每個人天生就會處理的事情，而是需要很多思考、體驗和練習才能逐漸領悟和掌握的一種能力。

很多人與吉娜和小玫一樣，雖然在其他方面很勇敢，卻因為早年在關係中的受傷體驗，沒有習得妥善選擇關係和處理矛盾衝突的方式，從而對親密關係採取膽怯、迴避的態度。

識別自己在關係中恐懼或迴避的具體部分非常關鍵。**有時，愛的藝術也是一種取捨的藝術：知道自己可以接受哪些不完美、需要關注哪些良好的部分。**在親密關係中，常見的恐懼可以被分為以下八種：

①被拋棄。
②被攻擊、迫害或虐待。
③被忽視。
④自我價值被否定。
⑤發生衝突。
⑥被誤解和誤會。
⑦被挑剔和指責。
⑧被貶低。

與這八種恐懼相對應，人們在親密關係中普遍渴望的部分大致可以被分為：

①親密和被陪伴。
②被保護。
③被關注。
④被欣賞和認同。
⑤一致和同頻。
⑥被理解和傾聽。
⑦被包容和支持。
⑧被尊重。

對於前文的吉娜而言，她最害怕的部分是在關係中被忽視和自我價值被否定，所以即便她在關係中受到了傷害和剝削也不會拒絕和離開。而小玫採取的行動表明，她最害怕的是關係中的衝突，所以即使冒著失去一段親密的關係、失去被理解和傾聽的機會的風險，也要迴避衝突。

但是這種選擇並沒有讓她們真正擺脫困擾，因為她們雖然採取了一些行動，避免了自己最害怕的事情發生，但她們在避免痛苦的同時也失去了其他珍貴的東西。在沒有經歷過相似創傷的人看來，這種在親密關係中的取捨似乎是難以理解的，但是對於有過類似創傷經歷的人來說卻非常合理。很多時候，一個人在關係中「害怕的」和「想要的」之間會有很大的衝突，所以他們在親密關係中的很多選擇，其實是在「害怕的」和「想要的」之間取捨。

去識別和體驗自己在關係中最恐懼、最執著、最匱乏的部分，重新理解和評估自己在關係中的選擇，是人們最終實現愛與被愛的基礎。如果人們發現自己在關係中因為一些恐懼而放棄了大量自己需要的部分，那麼這種恐懼和迴避就需要被處理。同樣，如果一個人因為一些匱乏的經歷而對一些渴望太過執著，以至於他們在關係中遭遇了很多負面體驗也不選擇離開，那麼這種強烈的執著也需要被處理。

一個人只有超越了執著於自己、以自身的需要和恐懼為中心的關係，才可能

得到真正的愛。因為只有那樣，人們才能真正感知對方的感受和體驗。審慎地區分欲望、恐懼、控制、交換、執著、同情等情感或行為和愛之間的區別，是一個人成長過程中至關重要的體驗。這些情感或行為並非不好，只是和愛不是等價的，人們只有超越了這些情感或行為才能看到，並不是沒有愛，而是自己把價值交換誤認為愛，所以感到關係很功利；並不是沒有愛，而是自己以為在關係裡獲得全然的控制是被愛，所以在關係裡感到被推開和拒絕；並不是沒有愛，而是自己把合理的邊界誤認為拒絕，所以感到沒有人會愛自己。

如果一個人把恐懼或需求和「愛」等價，就很容易「對愛絕望」，認為美好的愛的體驗是不存在的。事實上，愛是恐懼或需求的反面：愛是克服恐懼和自發地付出。佛洛姆說過，童稚的愛，是「我因被愛而愛」；成熟的愛，是「我因愛而被愛」；不成熟的愛宣稱「我愛你，因為我需要你」；成熟的愛宣稱「我需要你，因為我愛你」。總之，一個人想要獲得真正美好的愛的體驗，需要深刻地領悟：愛不是小朋友裝在口袋裡的糖果，不是透過索取或交換的方式就可以獲得的東西，而是一個人在自己的體驗、成長和感悟之中逐漸生發出的能力和藝術，而當你真正擁有愛的能力時，會獲得比需求的滿足和恐懼的消除有力得多的關係和生命體驗。

第五章

死亡與喪失帶來的創傷

人的一生是一個不斷哀悼的過程：生命本身就是從經歷創傷開始的。一個嬰孩從母體中分離，母親和孩子就在共同經歷和體驗流血受傷的過程。對於一個剛剛降生於世的嬰孩來說，認識世界的過程也是不斷體驗創傷的過程：原來我不是這個世界的中心，原來我無法獲得父母所有的關注，原來我無法控制周圍的環境。

一個不得不承認的事實是，人們終有一天會失去所擁有的一切，無論是童年心愛的玩具布偶，還是珍貴的伴侶愛人。實際上，人們所追逐的、為人們帶來安全感的「永恆」根本無法存在於一個人的生命之中。即使人們用盡全力去保有，也無法敵過終極的力量——死亡。

死亡就像地平線上的山巒，在並不能準確估量遠近的地方等待著每一個人。有人選擇不去看它，盯著腳下的路和手邊的忙碌從而忘記它的存在；有人無法忽略它，終日盯著它而惶惶不可終日；也有人接受它，知道那是最終的歸宿。無論人們怎麼看它，地平線上的山巒都堅不可摧地矗立在那裡，不會移動也不會消失。

哀悼原來如此漫長：與他人之間的玻璃罩子漸漸消失

簡是一名在腫瘤專科醫院工作的執業護士，她的工作是配合醫生幫助患者康復，或者盡量延長患者的壽命。在一段時間內，簡陷入了憂鬱，因為和她一起工作的醫生告訴她，某篇學術文章裡提到：很多罹患惡性腫瘤的患者，即使被治癒了，預期壽命也不會被延長太多。他們最後即使不會因為腫瘤去世，也會因為其他原因走完自己的一生。每個人的壽命就好像命中註定一樣，醫生能改變的其實很少。

那位醫生只是隨口感嘆，簡卻感覺自己工作的意義受到了強烈的衝擊，簡異常憤怒，和那個醫生大吵了一架，並且指責他的態度過於消極。之後，她一直感到這種憤怒沒有消散，覺得自己的職業價值和理想被否定了，她感到生活開始變得乏味，這也是她決定嘗試心理諮商的原因。

對簡來說，作為護士幫助患者康復是自我價值感的核心來源之一。簡選擇成為一名護士和她的成長經歷有很大的關係。她的母親在她十六歲時罹患腫瘤去世了，而在那之前的兩年，簡一直都是那個悉心照顧母親的女兒。當時家中經濟狀況不好，無法給予母親最好的治療，這也是她心裡一直以來的遺憾。她一直相信，如果母親能夠得到更好的醫療照護，就能更長久地陪伴她。抱著這樣的信念，她一邊打工賺錢一邊努力考上了護理學院，經過多年的努力終於成了一名執業護士。簡感到自己的人生價值得到了極大的實現，因為她能夠對那些像她母親一樣受到疾病折磨的人提供醫療幫助。每一次病人離世時，她都會感到很沮喪。

在與簡的交談中，我們談論了大量關於死亡的話題，也談論了大量關於她的工作的話題——她是如何努力挽救生命的。這個過程其實揭示了一個重要訊息：簡對母親的哀悼一直沒有完成，她現在幾乎在用自己的全部生活持續地哀悼母親。雖然在他人眼中，簡是積極生活、積極工作的典範，她對工作的投入和熱情令人稱道，但實際上，她的生活除此以外幾乎一片空白：沒有親密關係，也沒有興趣愛好，每日忙於工作。她幾乎不會讓自己停下來，對自己的生活也欠缺照顧，大量喝咖啡、飲酒，甚至還吸菸。

她的生活本身成了對母親哀悼的延續。當她年少時，母親的過世讓全家人十分崩潰，父親因此陷入憂鬱，還有妹妹需要她的支持和照顧，她根本沒有時間和機會釋放自己的悲傷以完成自己的哀悼。那時的她一心想著如何積極向上，渡過難關，現實條件也不允許她終日垂淚自憐。失去母親的悲傷感被壓抑在心中，卻在行動層面上表現了出來。她幾乎從不和其他人討論這件事情，也從未因此號啕大哭，而一直在用行動默默呼喊：我不接受，我要改變——她從未真的接受過母親去世的現實。

未完成的哀悼對人的影響是巨大的，它會把哀悼者帶到一個生者和亡者之間的模糊地帶：哀悼者雖然生活在現實生活中，卻難以真正投入真實的生活和關係。亡者無法復活，也無法被替代，而未完成的哀悼對人最大的影響就在於，生者會下意識地去嘗試改變亡者離開的事實，或者在現實生活中尋覓一個一模一樣的人。

一個失去重要他人的人，通常會經歷以下五個非常重要的哀悼階段。

否認

否認是哀悼的第一個階段。當痛苦的喪失發生時，人最本能的反應是「這不可能，不會發生這樣的事情，一定是騙我的」。這也是為什麼很多經歷過親人離開的人在第一時間感受不到悲傷或難過，彷彿一切照舊。

憤怒

憤怒是人對恐懼的防禦性情感。比起否認階段，憤怒至少可以讓經歷喪失的人在情緒上有所表達：「為什麼世界這麼不公平，讓這件事情發生在我的身上？」、「為什麼我要被拋棄在這個世界上？」、「發生這樣的事情，一定是哪裡出了問題，不然就不會這樣！」

協商

協商像一種去和「更強大的力量」進行交換的心理過程，比如，「如果老天能讓他活過來，我一定再也不和他吵架了」、「只要他能活下來，我願意付出自己三十年的壽命」，好像這種和自己的對話可以換來一些希望和掌控感，也許自己做了什麼或者付出了什麼，事情就能發生變化。

憂鬱

憂鬱的感受開始於像否認和協商這樣更富有想像力的防禦方式不奏效的時候。經歷喪失的人發現，無論自己如何幻想、憤怒，在想像中與未知的力量做交換，那個重要的人都不會回來了，於是就進入了憂鬱的階段。憂鬱看起來是一個很負面的詞語，但是它在某種程度上是真正接受現實的開始。在這個階段，人們才開始真正感受不加掩飾的失去體驗。在這個階段，人們可能會傾向於內化自己的感受，減少社交甚至迴避人際關係，這是經歷喪失的人表現出的一種很正常的狀態——除了自己，沒有人能理解自己的痛苦，所以只能自己一個人默默地消化處理。

接受

在這個階段，人開始真正接受失去重要他人之後的世界和人生，不再試圖掙扎或改變這個現狀。在這個階段，人能夠合理地理解失去這件事的必然發生，能夠感受到即使失去了一個重要他人，仍然有很多積極的回憶和體驗留在自己的記憶中，關係的能量並沒有消亡。也許有時，那些痛苦、孤獨、不甘也會再度浮現，但是最終生存下來的人總能帶著過去的記憶，平和地生活在這個世界上，並且開始在現實生活中建立更多的支持性關係。

雖然哀悼要經歷如此漫長的五個階段，但它是人繼續發展和成長的重要條件。如果沒有完成哀悼，人就可能被卡在某一個階段上，很難繼續自己的生活。比如簡，由於母親離開時特殊的家庭環境，她沒有機會和空間真正地去表達自己的情緒情感和哀悼母親，所以她在很長的一段時間裡都停留在潛意識層面的否認階段，只是這種否認昇華為動力，促使她不斷付諸行動，最終成為治療者和拯救者的角色。而她的同事醫生向她指出，無論人如何努力都抵抗不了死亡的時候，其實是戳破了她的否認防禦機制，所以她開始進入憤怒的階段。這種憤怒看似打破了她的平衡，讓她失去了原本平和的生活和心情，但實際上這也是一種進展，時隔多年，她的哀悼終於能夠進展到下一個階段——憤怒和衝擊讓人很難受，卻是完成哀悼過程必不可少的一步。

很多有著「未完成哀悼」議題的人都沒有意識到自己在重複地做著兩件事：第一，尋找與自己失去的相似的關係和人；第二，強化自己認為可以挽回失去的人的行為。這兩件事隱藏在日常生活的很多舉動中，就像簡總是在尋找和母親相似的「患者」，付諸行動去救治他們一樣。人們重複地做這兩件事，本質上是為了迴避直接面對自己生命中重要他人無可挽回的離開。只要把注意力都投注在「實際行動」上，就不會有多餘的精力和情感來哀傷。

對於經歷過重要他人離開的人，平復創傷、正視哀傷的核心在於建立新的、真正親密的人際關係。喪失對人最重大的影響之一，是讓人感覺原來一切重要的關係都難免會終結，從而沉浸在悲傷之中，損害他們重新建立有意義的人際連結的動力和能力。從自體心理學的角度來看，很多心理問題產生的根本原因在於患者年幼時與撫養者關係的不健全，患者內心渴望的發展受到了阻礙。而撫養者的死亡是一種最根本的缺失，所以帶來的發展阻礙也是最大的。但是，這種受阻的內心渴望會在一個安全、協調的關係中重新啟動，這就是新的人際連結對於經歷過重要他人去世的人的意義。對簡來說，她需要的關係是讓她能夠體驗拯救者與照顧者以外的身分的關係，她需要體驗曾經大量錯失的作為女兒被照顧和被關注的感受。

要認識到這一點，對於簡來說非常不容易，因為這就意味她的理智、情感都要接受自己的母親是真的離開了、不可能再回來了的事實，而她需要繼續自己的生活，找到對她來說真正現實的、可以支持她的人際關係。對她來說，這是一個十分陌生的過程：放下內心的執念，承認自己總是在硬撐（而這樣真的不舒服），以及相信新的人際關係可以為她帶來安全感和幸福感。承認這一點讓簡進入了一段「憂鬱」時期，但她也靜下心來，思考醫生同事的話語，意識到這些話語不是在否定她，其中也有很多部分可以幫助她解放自己的心。她向這位醫生同事道歉，並且得到了原諒和理解，兩人以此為契機建立了更深刻的關係。在這段關係中，簡第一次向人傾訴了自己失去母親的童年經歷，令她驚訝的是，對方也有著非常相似的失去親人的經歷，所以可以很好地理解她的感受。

這種體驗對於簡來說是至關重要的，她第一次意識到原來自己不是在孤獨地經歷整個過程，也有人能夠理解其中的艱辛和困難，並且這個人還能夠帶著傷痛繼續成長。這位醫生朋友告訴她，其實自己當時會發表那一番言論，也是由於經歷了喪失的體驗，這是他多年沉澱後發出的一句感慨，甚至他當醫生也和這種失去息息相關。只是多年過去，他領悟和接受了生命中的許多無常，開始允許自己輕鬆地面對這些沉重的改變。

從那以後，簡感到自己和其他人之間那層彷彿玻璃罩子一樣的東西漸漸消失了，她發現，原來自己可以不是那個一直扛起所有壓力、默默拯救別人的人，自己也可以接受別人的支持和幫助，也可以脆弱。即使幼年時照顧她的母親已經不在人世，她在這個世界上也不是孤獨的。新的、真實的關係令她感到欣喜並充滿生命力，因為這種互動是雙向的，可以給予她充分的回饋，並為她本來就極有韌性的生命增添許多活力。

哀傷陷阱：失去重要他人，如何走出痛苦

著名職場讀物《挺身而進》（*Lean In*）的作者雪柔．桑德伯格（Sheryl Sandberg），曾在加州大學柏克萊分校的畢業典禮上，講述了自己面對和處理喪失的經歷：在丈夫突然去世後，她逐漸從巨大的悲傷和打擊中恢復，繼續她的事業。雪柔和她的丈夫曾是一對非常恩愛的夫妻，丈夫是她最重要的夥伴和伴侶，他們相濡以沫，所以丈夫的去世帶給她一種難以想像的痛苦。她感到自己的世界缺失了至關重要的一部分，有了一大塊空白，她形容自己當時「被浸沒在悲哀的霧霾之中，空虛和痛苦侵入我的心肺，讓我無法呼吸和思考」。然而她逐漸意識到，自己餘生需要接納已經失去曾經至關重要的一部分的事實，並要把很多看起來「不完美的選擇」納入自己的生活。

她舉了一個例子，在丈夫去世後不久，有一次她的兒子有一個需要父親參加的學校活動，她為此感到很崩潰。她的一位男性朋友提出，可以陪她的兒子一起去，但她表示自己真的非常想要孩子的父親參加活動。她的朋友表示，非常理解她的願望，但是這個選項已經不存在了，她需要做的是接受這個第二選項，這也是她後來的著作《擁抱B選項》（*Option B*）這個書名的由來。

沒有人可以一生順遂，不遇到困難、逆境和痛苦，事實上，人們一生中經歷「發生在自己身上難以想像的失去和苦難」的機率並不低。所以，人們只有擁有一定的心理彈性才能在這個世界上存活下去。

當人們面臨痛苦和逆境時，很容易陷入以下三種「心理陷阱」：**個人化**（Personalization）、**普遍化**（Pervasiveness）和**永久化**（Permanence）。

個人化的意思是，當一個人遇到一種困難或逆境時，過度地責備自己，把原因歸結為自己的過失。困難和逆境往往都是多種複雜因素導致的，有的困難和逆境甚至完全超出個人能力掌控範圍，比如親人過世、生病、行業趨勢變差，等等。但是，人們很多時候會傾向於過度地責備自己：親人過世一定是因為自己沒有照顧好他們，沒有給他們更多的關注；生病一定是因為自己平時沒有好好注意各方面的健康生活方式。但他們沒有意識到，其實很多事情都是超出任何個人的預測和控制範圍的，比如生老病死或大環境的變化。而這樣責備自己，不僅對情況的改善毫無益處，還會進一步打擊自信和自尊，讓自己感覺更糟糕。所以，當一個人處在困難和逆境中時，很重要的一點就是評估和監控自己的自責水準，提醒自己要更客觀、更理智地看待和接納生活中不可控的部分，不要過度責備自己。

普遍化的意思是，其實困難和痛苦只出現在一個人生活的某一個方面，但他卻難以自拔，讓這種痛苦擴散到生活的方方面面。一位重要他人的離開的確是一種巨大的痛苦，但不管影響有多麼巨大，這都只是生活中的一部分。普遍化讓人對痛苦的體驗有一種「加成」效果：本來只是生活某一方面的苦惱，卻使一個人在生活的其他方面都無法投入和體驗快樂，痛苦當然就成倍增加了。當面臨重要他人的離開，人們也許可以嘗試提醒自己設下一些「隔離區」，在一些情形中不去思考和感受那種痛苦。比如，不把這種困擾帶到約會或者和孩子的相處中去，這樣能讓人們更快地恢復。

永久化的意思是，一個人在內心認為某種困難和逆境是不可改變的，會永遠存在。這種想法往往存在於人的潛意識，並且會一直縈繞在人的潛意識中。親人離開這個事實，會讓人感到非常絕望，人們會因此減少社交，減少參加各種能帶來生活樂趣的活動。在這樣的情況下，人就會感到生活更加空虛，會更加為親人的離去感到悲傷和痛苦。通常，這種情況會形成一種惡性循環，形成一個自證預言：看，這件事情果然是不可改變的。永久化的想法很容易讓人自我設限，讓本來經過一段時間的忍受、堅持和接納就可以得到改善的事情變得難以被改善。

如果你發現自己處在失去重要他人的痛苦逆境之中，也要記得常常提醒自己，不要陷入以上三種擴大和加深自己痛苦的「心理陷阱」，不要讓痛苦無止境地消耗自己。

死亡焦慮：註定面對的恐懼

體會死亡和體驗生命是無法分割的一體兩面：當我們談論死亡的時候，其實我們在談論如何更好地活著。在列夫．托爾斯泰（Leo Tolstoy）的著作《戰爭與和平》（*War and Peace*）裡，皮埃爾眼看著排在他前面的幾個人被行刑隊執行了槍決，而他死裡逃生。他本來過著渾渾噩噩、毫無激情的生活，在此之後卻像被打了強心針一樣開始充滿熱情地生活。

十七世紀，歐洲的上層社會非常流行收藏虛空派（Vanitas）風格的畫作，這些畫作中總有一些固定出現的物品：骷髏頭、沙漏、凋零中的鮮花和鐘錶，有的畫作上還會直白地寫上拉丁文「memento mori」，意思為：記住，你終有一死。畫家創作這些畫作的目的就是提醒人們生命短暫，應該珍惜。

每個人都有意識或無意識地在生活中用自己的方式面對終將一死這個概念。然而，這個概念對一些人來說是格外可怕、陌生和難以接受的，甚至會產生症狀和心結，阻礙了自己當下的生活和關係。

菲利浦是一位活力四射、很有潛力的年輕人。他在生活中非常積極努力，總是不懈地追求學業和事業上的完美，「超越自己」是他的口頭禪。但是近年來，他開始被一種身體症狀深深地困擾著。有一天，他在趕往一個會議的路上，突然感到自己無法呼吸、心跳加速，像是心臟病發作一樣，有了瀕死的體驗。周圍的人被他的表現嚇壞了，叫了救護車將他送到醫院。到了急診室，醫生為他做了全面的檢查，卻發現他的身體完全健康，沒有任何問題。他本以為是工作壓力太大導致的偶然狀況，但這卻成了他痛苦的開始。一開始，這種症狀總是猝不及防地出現，後來他開始對這種症狀本身感到恐慌，在夜裡睡覺前總懷有強烈的恐懼感。他越恐懼，這種症狀就越容易出現，每天睡前的時光變成了他最難安定的時刻。他開始害怕睡覺，並因此去看了精神科醫生，變得只有在服用藥物的情況下才能勉強入睡。

菲利浦從小就有一個堅定的信念：一定要成為一個偉人，只有這樣才不負此生。一方面這是他父母對他的期待，另一方面他認為自己有這樣的能力和潛力。他自幼就能感到母親是多麼需要他變得卓越和成功——當他取得了優異的成績，母親就會對他十分溫柔、熱情，而當他的表現得不盡如人意時，母親就會對他冷若冰霜。在恐慌發作的症狀出現之前，他感到自己的生活一直很順利。他認為應當把主要的精力放在學業和事業上，花時間談戀愛可能會影響自己的學業和事業，所以他雖然有過發展戀愛的可能性，但他主動拒絕了。

如果仔細分析菲利浦的情況就會發現，他的很多症狀都與潛意識中的死亡焦慮相關。

時間的緊迫感與過度追求成就

如果我們觀察周圍的人就會發現，每個人似乎都有著自己的時鐘。有的人不疾不徐，而有的人總是十分慌張，就像菲利浦一樣，總是害怕自己有未完成的事情、趕不上什麼節點。的確，生活中有很多不同的時限和節點，而每個人都會面對的時限和節點就是死亡，我們擁有的所有時間就是死亡降臨前的時間。

從一些偉人、名人到周圍的普通人，再到我們自己，多多少少都在追求一些「不朽工程」。伊隆．馬斯克（Elon Musk）為什麼要發送一台載著自己模型的紅色跑車去宇宙？司馬遷為什麼在身心都受到迫害的情況下還要堅持著書立說？沙灘上的五歲小孩為什麼要完善沙堡的最後一角才戀戀不捨地離開？為什麼很多人非常渴望有自己的後代，希望自己的孩子能與自己相似，甚至繼承自己的事業，並稱之為「傳承」？

其中很大的動力大概就是對抗自身必然的消失——死亡。人們希望在自己的肉身已經不存在於自己本來的環境之後，留下一些證據和跡象表明自己存在過，不會那麼輕易地被從這個世界上抹去，在潛意識裡用自己能夠做到的方式追求著「永生」和「不朽」。

很多時候，人們認為追求成功似乎可以解決一切問題。不夠自信——如果自己努力學習考上了更好的學校，超過了所謂的別人家的孩子，是不是就可以擁有自信了？戀愛關係出現問題——如果投入工作獲得了更高的薪水，是不是就可以找到更優秀的伴侶了？和父母的關係出問題——如果獲得更大的成就，衣錦還鄉，或許就沒有人能指責挑剔自己了？人們在這些信念的誤導下，日復一日、年復一年地追求著所謂的成功。菲利浦也是如此認為，因為他的母親是如此盼望他能獲得那種巨大而驚人的成功。自幼，他的母親就告訴他，事業成功是多麼重要，如果他作為一個男人不去獲得事業上的成功，就會像他的父親一樣唯唯諾諾、沒有尊嚴。在菲利浦的內心深處，他很擔心母親會像對待父親那樣冷漠和忽視自己。

睡眠障礙

失眠可謂是各種心理症狀中最常見的一種，從憂鬱症到焦慮症，再到強迫症或雙相情感障礙，各類神經症的症狀幾乎都包括失眠。很多神經症的底層原因都是對某種狀態、關係或狀況的恐懼，而睡眠障礙又與死亡焦慮有著很緊密的關聯性。

和菲利浦一樣，很多恐慌症患者的發作時間也是夜間睡眠開始之時。在他們的描述之中，每當時鐘指向應該上床睡覺的時刻，在睡意襲來之前，一種莫名的恐懼和慌亂就會湧入他們的血液，使他們心跳加速、呼吸急促，彷彿被惡魔扼住了喉嚨，下一秒就會失去生命。

各類焦慮症患者也會在睡眠之前產生高度緊張感，他們會回想自己這一天中的遺憾，比如沒有做好的事情、沒有說對的話、尚未完成的任務，而且他們回想遺憾的時間還會逐漸延長，從這一天到過去的時光，他們甚至會從床上彈起，為過去的尷尬懊悔或為潛在的危險抱頭痛哭，最終他們只能透過服用相關藥物才能關掉腦中不斷搜尋懊悔和危險的雷達。

睡眠的本質是停止進行任何防禦。睡眠狀態是一個活著的人最接近死亡的狀態：當一個人開始睡眠，他就幾乎切斷了與外界的所有互動。絕大部分聽覺、視覺、嗅覺和觸覺都被關閉，即使在夢中有著豐富的體驗，那也是一個人自己內部產生的。所以，睡眠也是一個人與自己真實相處的狀態。當白天的防禦被卸下，任務和事件都被隔離開，如果詢問一個明顯知道自己有死亡焦慮的人，他害怕什麼，答案十有八九會是「害怕墮入一個空無一人的境界，再也沒有人能夠聽到、看到自己了」。在現代社會裡，一個很典型的「失眠拖延症」的症狀是一個人在睡覺前無法停止滑手機上的社交軟體，他用這樣的方式讓自己不斷地接收外界資訊，從而抵禦睡覺帶來的斷開連結的孤立感和對死亡的恐懼感。

人際退縮

人際退縮和死亡焦慮是互為因果的關係。很多擔心、害怕死亡的人其實是在恐懼與重要他人的分離。死亡意味著永遠的分離，甚至有人對分離的迴避到了寧可不建立關係也要避免分離體驗的程度。但是，一個人越是從人際關係中退縮，就越是和這個世界斷開了連結。從某種程度上講，這就是一個非常接近死亡的存在狀態。離死亡感受的距離更近了，死亡焦慮也就進一步增強了。

其實，死亡焦慮、過度追求成功及人際退縮是三位一體的關係。人際退縮的本質是自我否定和自我批判，一個人因為感到自己不夠好，所以難以正視他人、與他人產生連結。而這種自己不夠好的感受，也同樣會讓人把過多的精力放在追逐世俗成功之上。就像菲利浦深深地擔心，如果自己與他人建立了緊密的關係，對方也會帶給他類似母親給他的那種冷若冰霜的感受。

如果要用最直白的語言描述菲利浦的死亡焦慮和恐慌的原因，那就是「媽媽讓我感到如此緊張，難以建立連結，如果我還沒來得及獲得她認為我必須獲得的成功，並讓她認為我是有價值的，從而與我產生更深刻的連結，就沒有時間了，我就死了，該怎麼辦」。從某種程度上講，菲利浦的母親讓他沒有「活著的感覺」。活著的意思是，一個生命個體本身的存在是被關注和被欣賞的，個體的特別之處是可以被看到的，而不會被工具化地賦予某種必須達成否則就沒有價值的任務。

從存在主義的視角來看，一個人和一個物品的本質區別在於，一個人不是為了實現某種功能才被帶到這個世界的。比如，之所以有杯子這個物品，是因為人的意志要求有一個用來盛水、喝水的工具，所以人們造出了杯子這一符合人們需求的物品。而人本身沒有這個天然的功能。當有人認為人應該具有這種功能性時，就會發生悲劇，比如奴隸制和菲利浦的死亡焦慮。所以，一種很重要的體驗是人感到自己可以自由地自我實現，自由地與其他人建立連結。

很多人會以為，懼怕死亡的原因是十分珍惜和熱愛自己的生命。實際上，懼怕死亡和熱愛生命並不是同義詞，甚至是反義詞。懼怕死亡往往是一種不夠熱愛、沒有充分投入自己生命和關係的表現。雖然菲利浦在表面上看起來對自己的學業和事業充滿了熱情和投入，實際上，他產生這種行為只是因為他害怕失去和母親的連結，並不是因為他真的喜歡這樣的生活方式，這樣的生活方式無法帶給他真實的「活著」的體驗。對菲利浦來說，他真正需要的是一段能夠允許他真實體驗自己活著的感受的關係。人只有真正活過，才不會畏懼死亡。

菲利浦只有開始理解並體驗到，只在乎他的成績、成就的關係，讓他感覺不到活著的真實體驗，他所焦慮、害怕的其實不是每個人必然會有的結局，而是從未有過真正活著的體驗時，他才會有動力離開那種只重視他的外在價值和功能的關係，轉而關注那些可以看到他的真實情感，可以接納他不去追求某種成功的人和關係。這些人和關係才是他可以用來抵禦死亡焦慮的資源。

總而言之，應對死亡焦慮的根本方法就是盡情地、不留遺憾地去活，充分地以真實的自我和他人產生真正的人際連結。如果接受尼采的提問，倘若你的生命將是一個「永恆輪迴」，即你已經體驗過的生活和現在正在進行的生活會在將來無數次地循環，你還熱愛自己的生命嗎，還是會認為「這太糟糕了」？也許，生命的真正意義恰好在於它的時限性，如果沒有這種時限性，一切反而會變成無意義的折磨。以自己的實際行動和生活中的每一個選擇去回答這個問題，並用這個問題去驗證自己的生命品質，也是一種應對死亡焦慮的重要方法。

第六章

疾病帶來的創傷體驗

疾病是每個人成長過程中不可避免的體驗。小到普通的感冒發燒，大到心腦血管急症、重症腫瘤，疾病帶給人的身心體驗是複雜而深刻的。在生病的體驗中，我們不僅能感受到生理上的疼痛，還能感受到自己與身體的關係，體驗到自己在脆弱時與他人的關係等，一個人如何看待和感受疾病，與他整體的生命體驗品質息息相關。

生理疾病：傳染疾病會讓我無法生存和工作嗎

小勤是一名非常優秀的大學生，她自幼成績優異，憑藉個人的勤奮和努力考上了名校，大學畢業後獲得了難得的工作機會，她的經歷看起來一直順風順水，但她卻選擇在這個時候來到了諮商室，原因是她難以面對入職前的體檢這件事。

她對於自己是某種傳染病毒的帶原者這件事有非常複雜的感受。她的父親也是這種病毒的帶原者，這個話題在她的家庭裡一直是伴隨著一種緊張的氣氛出現的。從小，她的父母就會告誡她，千萬不要告訴別人自己是這種病毒的帶原者，否則就會招致很嚴重的後果：有些人會歧視、欺負她，一些社會組織或團體也可能戴著有色眼鏡看她，彷彿這件事一旦被別人知道，她的前途就會一片灰暗。她的父親很迴避這一事實，因為他因此經歷過求職過程中的挫折，在他看來，為了保護女兒，不讓她經歷和自己一樣難過的事情，一定要死死守住這個祕密。因為害怕會傳染給別人，小勤也會盡量避免和其他人的親密接觸，別人約她一起吃飯，她也常常拒絕。

如今，她已經很難區分父母當初的話語有幾分是為了嚇唬她、避免她不小心告訴別人，有幾分是他們真實的體驗和感受，但是這已經深深地阻礙了她與他人交往、與這個世界產生連結的願望和能力。雖然她表面上和很多朋友、同學、室友保持著友好關係，但她內心深處十分不信任這些關係，認為只要他們知道了自己的真實情況，她的友誼就會煙消雲散。

帶著害怕自己的「隱祕身分」被發現的恐懼感，她無論做什麼事都會加倍努力，潛意識裡希望用自己的努力和優秀來補償缺陷並避免發生父母口中所說的可怕場景。但是，帶著這個祕密，無論和誰交往，她都感受不到信任和安全。無論面對多麼合得來的朋友，她的心中都有一個疑問：如果他知道我是這種傳染病毒的帶原者，還會願意和我交往嗎？他會不會像父母說的那樣，立刻遠離我、嫌棄我、向別人宣布這件事情？帶著這樣的疑問，她當然很難建立任何有深刻連結的關係。

小勤父母的話語裡還暗藏著另一層意思：除了家人、父母，其他人都不可信、都不會接納你。這個信念勢必會對她從原生家庭中分化獨立產生巨大的阻礙作用，並且泛化到身體疾病以外的範圍。因此，她也沒有勇氣向別人傾訴疾病以外的煩惱和困難，覺得別人都會嫌棄她。從表面上看，她的性格開朗，和大多數人也合得來，不會輕易產生什麼矛盾衝突，實際上卻沒有人真正地了解她。即使是她認為很熟悉的朋友，也並不知道她經歷的困難和挫折。

雖然小勤天資聰穎，在如此無助和孤立的情況下也成功地克服了很多困難，但是焦慮感會不時向她猛烈地襲來，尤其是她每一次面臨重大人生轉折的時刻（入學考試、期末考試、重要演講、工作面試等），因為她不會主動和別人深刻交流自己的困難與感受，所以自然也無法真實深刻地理解他人在這些情況下的感受和應對機制。父母雖然會開導和安慰她，但他們畢竟不能在她的學業、工作和生活裡時刻陪伴著她。在她看來，別人都是十分輕鬆、毫無焦慮地去考試、面試、迎接人生重大挑戰，只有她躲在陰暗的角落裡恐懼著這一切。高中時，她就因為考試前會出現身體發抖、呼吸急促等症狀被診斷為焦慮症，並且在醫囑下開始服藥。在藥物的幫助下，她的焦慮症狀有所改善和減輕，但是她內心的恐懼模式並沒有得到改善。

這一次面臨入職體檢的問題，她又體驗到那種驚恐的感受。她害怕自己因帶原這種傳染病毒的事實被發現而被拒絕入職，那麼她之前十幾年刻苦學習的努力就都白費了。小勤的這種想法說明她對生活充滿了悲觀、絕望的念頭，即使再找其他工作也一定會遇到同樣的情景。

對小勤來說，來到諮商室裡講出自己的故事，就是治癒的開始。

對於生病這件事非常恐懼的人，往往是因為疾病會勾起他們三種難以接納的感受：**脆弱感**、**病恥感**和**對他人的不信任感**。

對一些患有傳染性疾病的人來說，疾病對他們的社會生活功能及人際關係造成的最大影響是病恥感和對他人的不信任感。在現在的醫療環境下，雖然他們清楚自己的疾病並不是像社會偏見認為的那樣容易傳染，也不會給別人帶來任何負擔，多數時候也沒有對自己的生活造成任何不便，但是他們仍舊悉心隱藏著自己的疾病。很多傳染性疾病患者在進行一種近乎殘忍的自我隔離——預先假設他人是無法接受自己的，自己是不值得擁有親密關係的，是會被他人嫌棄、排斥的，即使自己在現實生活裡並沒有真的經歷過這些事情。

傳染性疾病是最容易與現實生活的「罪行」隱喻相連結的一類疾病，被不公平地看作一種「聲名狼藉的病災」。令人痛心的是，的確存在這樣一種系統性偏見，這有可能讓患者在一些關係中受到衝擊。很多患者為了避免這樣的衝擊而放棄了建立真正接納自己的親密關係的可能性，實在是非常可惜。患者會有這樣的迴避防禦機制，從根本上講並不是他們的錯：他們沒有選擇是否被感染的自由，也極難感受到人際關係中他人對他們真誠的接納和理解。

想要消除傳染性疾病為患者帶來的心理層面的影響，最重要的一個部分是，澈底釐清疾病本身的影響和由疾病造成的病恥感以及對他人的不信任感的影響。比如，對小勤來說，與其說她生活中的困難是病毒造成的，不如說是她認為沒有人會接納她的信念造成的。的確，**任何人都無法避免來自他人的偏見和評價，但人們並不是一本打開的書，不需要所有人都來了解和接納，重要的是找到和自己相配的、能夠接納自己的那幾個重要他人。為了做到這一點，最重要的是人們要在自己內心真正接納自己沒有做錯任何事情。**當小勤開始意識到這一點，不再被疾病帶來的自責感和羞恥感困擾時，她就能夠正視自己的情況了。她開始從內心真正相信醫生告訴她的：正常的社交與親密的舉動並不會將這種病毒傳染給他人，她也不比任何人缺少建立關係、獲得自己所需要的人際支持的資格。

意識到這一點後，小勤決定做一個勇敢的人際實驗。她開始告訴周圍所有的重要他人，自己是這種傳染病毒的帶原者。她不想再隱瞞自己的情況，她甚至告訴她的朋友們，她願意接受和理解他們的任何決定，如果有人無法克服心理障礙、不能繼續和她交往，她也可以接受。在做出這個舉動之前，她為自己進行了很長時間的心理建設，一方面她很擔心自己真的會因此失去很多朋友；另一方面她又覺得，不能接受真實的她的人離開也好，她只想和能夠同理別人並且懂得基本醫學常識的人做真正的朋友。

最終，對於真誠關係的渴望戰勝了對失去關係的恐懼，小勤勇敢地完成了她的人際實驗。令她意外的是，絕大多數朋友對此都沒有表示驚訝，甚至有人會安慰她，在生活中對她更加照顧。雖然她後來也發現有朋友默默疏遠她，但這並沒有自己之前想像的那麼羞恥和恐懼。對她影響最大的事件是，有一個多年的朋友在知道她是這種傳染病毒的帶原者後，告訴她其實自己也是，並且帶領她加入了一個致力於維護這種傳染病毒的帶原者工作和生活權益的小組。在那裡，她學習並收獲了很多應對不同情況的方法和獲得資源的途徑。她感受到自己並不孤單，她面對的很多難以和其他人討論的事情都可以在這裡討論，比如對入職體檢的擔憂，她感到自己生活中的支持系統被大大加強了。

小勤的經歷對很多疾病患者很有啟發意義的一點是，正視和接納自己的身體狀況永遠是比迴避和抗拒更好的應對方式，只有這樣，才能夠獲得真正的幫助和人際支援系統，擁抱真實的人生。

慮病與恐懼：我應該用多大力氣來擔心疾病

慮病症其實是人們日常生活中非常常見的一種心理症狀，其普遍性可能遠高於人們的想像。

在臨床工作中，慮病症狀常常和其他心理症狀一同出現。一般有慮病症狀的人的焦慮程度也較高。現代醫學檢驗的發展似乎也加深了人們對於保持完美健康狀態的焦慮。當一個人完成年度體檢，體檢報告上精確到小數點後兩位的數據顯示他的身體在多大程度上健康運轉著，任何指標超出「正常」範圍，都似乎是一件值得憂慮的事情。

事實上，如果人們開始注意到這個議題，並開始就這個議題和周圍的人交流，就會發現，只有極少人符合所有指標數值都完美的健康狀態。

蘇珊・桑塔格（Susan Sontag）在《疾病的隱喻》（*Illness as Metaphor and AIDS and Its Metaphors*）一書中對疾病做了一種社會精神分析的闡述。書裡分析了各種疾病是如何一步步由一種生理狀況被社會解讀為道德標準的具象體現：尤其是腫瘤及傳染性疾病，代表著一個人被逐出了「健康王國」，進入了「疾病王國」，這兩個王國的公民勢不兩立。其實，每個人都是這兩個王國的雙重公民。桑塔格寫這本書的動力，大概來自她經年累月與癌症鬥爭的人生——她人生的後幾十年幾乎都在和不同的癌症腫瘤搏鬥。在她看來，使她痛苦的遠不只疾病本身，更多的是社會加諸「疾病」一詞的隱喻。讓生病的人承擔這些痛苦的隱喻是不公平的，要讓可能生病的人（世界上的所有人）不再承受這種隱喻的痛苦，就必須讓人們擺脫一種潛意識層面隱喻式的思考方式，「使疾病遠離這些隱喻，似乎特別能為人帶來解放和撫慰。要擺脫這些隱喻，光靠迴避不行，它們必須被揭示、批評、研究和窮盡」。

蘇珊・桑塔格寫下這些文字，是為了給自己和其他有這些困擾的人以支持。

為數眾多的正在與各種精神和心理疾病搏鬥、曾經經歷重大疾病創傷或患有慮病症的人，他們對抗的不僅是自己的疾病和恐懼，還有太多來自外界的系統性的壓力，想要對抗這種壓力、得到支持，他們首先必須明白帶來壓力的究竟是什麼。

阿森是一個看上去非常陽光和快樂的男孩。他來到心理諮商室甚至都會讓人困惑：如此快樂的一個人為什麼需要做心理諮商？實際上，快樂的外表本身就是他的困擾。在他的家庭中，精神疾病的陰影一直揮之不去：他的爺爺曾經患有精神分裂症，父親年輕時也有過憂鬱症和雙相情感障礙發作的歷史。他的父親雖然後來一直靠藥物將病症控制得很好，沒有對生活造成什麼顯著的影響，但是他的母親一直憂心忡忡，擔心他會有什麼心理或精神上的問題。從小，只要阿森偶爾顯露出一些多愁善感或悲傷的情緒，他的母親就會十分焦慮。比如，當他養的小鳥因病死亡，他開始流淚時，他的母親就會很緊張地觀察他的表情；當他連續幾天都因為失去小鳥悶悶不樂時，他的母親就開始很煩躁，並且勸他「千萬別像你爸爸那樣總是想那麼多」。每當父母之間發生矛盾，母親就會向他傾訴自己為了包容父親的問題是多麼不容易，承擔了多少壓力。

為了不讓母親擔憂和焦慮，也為了讓自己不用負擔和面對母親的情緒，阿森開始學會偽裝自己的情緒。他完全知道母親心目中的「陽光男孩」是怎樣的形象：他努力地參加各種運動，表現得性格外向、樂於社交，並且從不多愁善感。在這種表演中，阿森自己也逐漸困惑了：究竟什麼才是他真實的情緒感受，他究竟是一個什麼樣的人。這種困惑把他嚇壞了，他不知道自己是不是在胡思亂想，擔心自己像父親和爺爺一樣患上精神疾病，所以才會來求助。

在所有疾病中，幾乎沒有什麼比精神與心理疾病更被汙名化了。法國哲學家米歇爾·傅柯（Michel Foucault）在《瘋癲與文明》（*Madness and Civilization*）一書中，詳細闡述了這一汙名化的社會歷史來源：「瘋狂是一種文明產物，沒有把這種現象說成是瘋狂並加以迫害的各種文化的歷史，就不會有瘋狂的歷史。」

像阿森一樣，有很多心理和精神疾病患者的家人都有一個很明顯的特點：很害怕自己被遺傳精神疾病，在恐懼中懷疑自己也會像家人一樣得精神分裂症、雙相情感障礙、憂鬱症等。而阿森的母親，就被捲入了這種汙名化精神疾病所帶來的恐懼之中。仔細觀察她的生活就會發現，其實直接源於丈夫的心理疾病的生活困難並沒有那麼多，但是對於自幼生活在母親焦慮中的阿森來說，他沒有辦法區分哪些事情只是父母婚姻關係裡正常的矛盾衝突，哪些事情是父親的心理症狀帶來的問題，這種對於心理精神疾病的恐懼和焦慮就在生活中被大大泛化了：即使經歷正常的寵物離世、朋友分別、考試失利等會帶給人負面情緒和情緒低落的事情，阿森也不敢痛快地哭一場。

在阿森的記憶裡，小時候看著家人要送父親去精神科治療是一件格外痛苦的事情。他的父親非常抗拒這件事情，而其他家人總要或悲傷或憤怒地勸說他去，阿森對整個過程充滿了懼怕和擔憂。這讓阿森對於去看精神科醫生產生了非常負面的印象。

我們常常能在各種影視和文學作品裡看到對於精神疾病、精神病院異化的描繪和充滿偏見的呈現。事實上，精神心理疾病患者的確是很容易被排斥的。在某些時刻，一個人如果得了精神疾病，就不再是「人們」之中的一員了，如同桑塔格所說，就已經是「疾病王國」的居民，不再有資格進入「健康王國」了。人們似乎處在一個「理性的時代」，說一個人理性似乎是一種誇獎，而說一個人感性就有一些批評的意味，因此「瘋癲」是一種很難被允許和接納的狀態。

很多時候人們會假設，精神科醫院甚至心理諮商存在的作用不是幫助有精神或心理求助需要的人恢復、支持他們，而是把「與正常人不一樣的人」隔離起來。這種隔離不僅帶給精神疾病患者極強的恐懼，也帶給正常人很大的精神壓力，因為精神疾病似乎很難得到真正的幫助和治療，只能得到隔離和排斥。但誰能保證自己一直「正常」？所以，在意識層面是去接納、幫助精神病患者，還是去隔離、恐懼精神病患者，某種程度上是一個社會整體心理發展成熟程度的折射：人若恐懼、弱小就傾向隔離、排斥不同的人和事物，強大、勇敢就能夠接納、幫助不同的人。

精神科診斷的目的不在於給人貼標籤，而在於找到緩解痛苦和減輕症狀最好的方式。比如，之所以要區分雙相情感障礙和憂鬱症，不是因為雙相情感障礙就是一種比憂鬱症「更可怕」的疾病，而是因為二者有不同的症狀，所需要的藥物調節方式也不同。很多精神分裂症患者也可以在良好的藥物控制下正常地生活、工作，而「普通」的憂鬱症如果不積極治療也會嚴重影響患者的各方面功能，甚至導致生命危險。所以，如果一個人需要治療和幫助，卻因為對於精神科診斷的恐懼和誤解而迴避治療，是一件得不償失的事。

當阿森嘗試做心理諮商時，他最大的目的其實是獲得一個來自心理諮商師的確認，確認他究竟是不是有問題，究竟是不是正常的。他非常希望能有一位專業人士給他一個「準確的判斷」，他不敢相信自己對情感體驗的判斷。他其實暗暗希望，自己的心理諮商只需要做一次，得到來自心理諮商師的回答是他沒有任何問題，這樣他就可以放心地逃離心理諮商室（這個同樣也會讓他懷疑自己的環境）。但對阿森來說，重要的不是獲得這樣的一個標籤或診斷，而是重新建立接納自己負面情緒的能力，以及轉變自己對於心理精神疾病的態度及觀念。

對阿森來說，重新理解人和精神疾病的關係是十分重要的。精神疾病並不是一個罕見的情況，廣義的精神心理疾病的終生患病率在十六%以上，這與很多常見疾病（如高血壓、糖尿病等）的患病率相似甚至更高。但是在阿森的印象裡，似乎只有自己的家庭被精神疾病的陰影籠罩著，這成了一個孤獨而羞恥的祕密。這種感受大大加重了他的心理負擔。當他能夠開始理解和接納精神心理疾病，認為它也和生理疾病一樣，是人無法控制和避免的情況，而不是因為患者本人的控制不良、有負面情緒而產生的問題時，他就能夠開始嘗試放鬆自己了。

實際上，**很多心理問題的來源與人們的認識恰恰相反：不是表達了負面情緒，而是壓抑了負面情緒。而壓抑的情緒和心理需求會以各種不健康的、曲折的方式表現出來，這就是心理問題的本質。**其實，一個人如果能夠有勇氣或受到了他人的支持，去正視自己生活的各種問題，就不會出現嚴重的心理問題。阿森面對的問題，就是父親的心理疾病，正視父親的心理疾病以及他父親的心理疾病對家庭造成了一些影響的事實，是他生活中一個主要的議題。要接納這一點並不容易。在他的印象裡，父親的心理疾病讓他無法擁有很多和父親愉快相處的童年時光，而一直在為父母的關係問題發愁。雖然不能說父親的心理問題沒有對他的家庭造成任何影響，但母親對於父親情況的擔憂、恐懼、焦慮和沒有信心其實是更大的問題來源，而這一點一直在阿森的成長過程中被掩蓋了，因為從表面上看，母親的情緒和擔憂是更加合理的。

在阿森的心理人格成長的道路上，很重要的一點是重新定義和界定什麼樣的感受和情緒是「合理」的，是可以被接受和表達的。透過一點一點地自我探索、表達和澄清，他發現其實大部分被他恐懼或懷疑是「不正常」的情緒，都是非常正常、值得被理解和接納的感受。這個認知極大地解放了他。

總而言之，**去除對心理和精神問題的偏見是十分重要的**。一方面，它們其實非常普遍，比人們想像中的普遍程度高很多，就像是精神上的感冒一樣難以避免；另一方面，對它們的恐懼對人的生活、社交和心理造成的影響，遠大於它們本身的影響。

疾病的表象：我們真的需要完美的健康與外表嗎

著名作家大衛・福斯特・華萊士（David Foster Wallace）在《系統的笤帚》（*The Broom of the System*）裡加入了一個令人印象深刻的小故事，名為「雙重虛榮症」。故事的男主人公患上了一種發展性的皮膚病，全身的皮膚會逐漸潰爛剝脫，同時他患有一種名為雙重虛榮症的心理問題：他特別害怕別人認為自己是虛榮的，虛榮本身讓他覺得羞恥。所以，如果他要去醫治他的疾病，就意味著他很在意自己的外表，他在別人的眼裡會變得虛榮。事實上，他又是「虛榮」的，他極其害怕別人發現他的皮膚病，覺得他不好看。

對他來說，面對這件事情唯一的方式就是掩蓋他的皮膚病。他從穿覆蓋皮膚更多的衣服到開始戴帽子、戴面罩，把自己越來越密實地掩蓋和包裹起來，連他的女朋友也不知道他到底怎麼了。直到最後他也無法坦白、無法積極地治療自己的皮膚病，最終他離開了所有人。

在這個小故事裡，主人公一直在鞭撻自己的「雙重虛榮症」，似乎認為這是他的人格缺陷，但這種人格缺陷存在的原因可能恰恰來自他對患病的羞恥感，而這種羞恥感和偏見使得尋求幫助、尋醫求藥變成了一件十分困難的事情。

有很多身患某種會對自己的外表形象有影響的疾病的人，會逐漸喪失與他人、社會的連結。但是仔細想想這些疾病的症狀，不太可能真的阻止一個人去做他想做的任何事情。大概因為人們在潛意識深處，都默認（不僅是希望）自己的身體應該是大衛像那樣，不會有不光滑的皮膚，不會有無力的軀幹。很多被歸為人類藝術瑰寶的雕塑作品無一不體現了這種無病的完美。社會對人類形象的假設，其實很多時候都在向所有人類施壓，然而要保持這種名為「正常」但實為「完美」的健康外表形象，實屬不易。

傳染性疾病、精神疾病、腫瘤，這些疾病在人們心中似乎是一種禁忌，好像一旦得了這些病，就離幸福的生活、正常的社交千里之遙了。實際上，真正擁有一個完全沒有任何疾病的身體是非常難實現的事情，大部分人一生患上傳染性疾病、精神疾病和腫瘤的機率非常之高，如果把沒有這些疾病當成能夠繼續生活的基礎，那麼人能夠以沒有危機和恐懼的生活過下去的機率就很低了。

最可怕的一點是，這種對於健康和外表完美的假設和要求，會讓人對於展示自己的真實狀況有羞恥心，阻礙人去積極地尋求幫助和治療，反而導致人的健康狀況真正惡化，這等於是犧牲了「裡子」才能去維護「面子」，對於生病的人來說很不公平、很殘忍。

那麼，作為個體，人們應該如何消除對疾病的偏見和羞恥感呢？

也許很簡單，作為家人，當有家庭成員生病時，不要責備他「怎麼不好好注意身體」。作為醫療工作者、助人者，當面對求助的病人和來訪者時，不要責備他「為什麼不早點來」。作為傳播資訊的媒體，去描述一種疾病和身體狀況時，不要把它敘述為可怕的、可以摧毀一切美好的惡魔。

去仔細、審慎地區分一個疾病的內涵和它的表象，是一切的基礎。會恐懼和害怕疾病是人類的本能，而恐懼和害怕往往會讓人不加分辨地迴避和逃離一些東西，使人從表象去判斷疾病，從而失去了正確理解和應對很多疾病的能力。實際上，這對別人和對自己都是一個損失，讓人損失了透過疾病的表象和面紗真正理解他人、建立真實的人際連結的機會。每個人都會生病。也許並沒有一個「正常」的標準定義，疾病和健康並不是非此即彼、非黑即白的兩個概念。每個人都有自己獨特的身體特徵和健康水準，希望大家生病時都能被他人溫柔對待，同時也能溫柔地對待自己。

第七章

空虛與孤獨

在如今的親子關係中，家長很容易花費很大的力氣去關注孩子競爭性和功能性的部分。會背幾首唐詩？詞彙量多少了？成績好不好？專業好找工作嗎？卻無暇顧及孩子那些情感需求：能夠接納自己嗎？事業的發展方向和自己的內在興趣相符嗎？感到自己可以被重要的人理解嗎？從表面上看，前者似乎是對人更直接的評價和判斷，但真正的人格成長和社會功能的可持續發展，卻倚仗被充分滋養過的情感體驗。

缺乏鏡映的成長體驗：你能看到我嗎

祺宇在博士退學之後來到了心理諮商室。他原本在一個著名大學的物理實驗室學習工作，但是在博士求學期間遇到了前所未有的困難。他感到自己其實非常不擅長一直以來學習的學科，覺得自己沒有能力完成學業和實驗，並且對工作環境感到很失望，所以即使他的家人都強烈反對，他還是頂著極大的壓力退學了。

祺宇的父親是一位大學工科教授，他一直認為自己是因為小時候被家庭條件耽誤了才會學工科，只有研究數學、物理等基礎學科的人才，才是真正的「頂尖」人才，所以他從祺宇小時候就開始送祺宇去參加各種物理培訓和競賽。祺宇從來沒有想過自己是不是真心喜歡物理，但因為小時候參加了很多培訓，的確在這方面更有優勢，又經常聽到父親表揚他「我兒子就是天生學物理的料，有天賦、智商高」，所以他從來沒有懷疑過物理是自己一生的發展方向。

在成長過程中，祺宇一直覺得父親十分認可他，也給了他很多鼓勵和支持，是少見的好家長。

很多時候，心理諮商室裡會接待像祺宇一樣的來訪者，當他們被詢問到童年的成長經歷時，他們回憶說自己的童年很幸福，家人環繞，既不缺乏物理陪伴也不缺乏物質資源，但是會陷入莫名的空虛和憂鬱之中。

對祺宇來說，要去談論父母關係和在原生家庭中的成長經歷似乎是一件很困難的事情。這種困難不像一些經歷過強烈創傷的來訪者很迴避談論自己的成長歷史或者害怕觸碰那些疼痛記憶，而是他真的不覺得有什麼好說的，一切似乎都挺好的。

他自己也會感到很困惑：到底哪裡出了問題？他實在不覺得能從自己的成長經歷和家庭環境中找到什麼可能導致他心理問題的原因。為什麼自己一直在很受鼓勵和支持的環境中長大，還會得憂鬱症？祺宇很愛學習，也看了很多心理學相關的圖書，他看到書裡寫的都是小時候被忽視或者被打罵的孩子才會有這樣的問題，但他並沒有這樣的經歷。

然而，不知道說什麼本身，就是一種關係模式的體現。當一個人被問到自己與重要他人的關係或重要他人的特點時，他的反應是「正常關係、很普通、都是很好的人」，這種沒什麼特點的感受，本身就是情感缺陷匱乏型創傷的重要特徵。

想一想，一個人際關係模式良好、充滿感情的人，即使提到普通朋友，也一定能說出很多動人的細節：他很幽默，他有一隻很可愛的貓咪寵物，他喜歡到處尋覓美食，有一次和他吵架後花了很長時間才和好，等等。恰恰是這些細節的敘述反映了一種真實關係的存在。

在一個人的成長過程中，富有情感、意義感的自我感受要如何形成？其需要的不是豐富的物質和細緻入微的照顧，而是「鏡映」。

鏡映既是一個心理諮商技術，也是人的一個本能。有一句網路流行語叫作「人類的本質就是複讀機」，是指當人發現一個模式（可能是一句話、一首歌）時，會不斷模仿重複它。這確實是人的一個本能，但也是有功能的：讓人感受到其他人接收到來自自己的訊息，自己被看見、被聽到了。

所謂鏡映，就是在一個關係中，一個人能感到自己像照鏡子那樣被看到、被映照的感覺。它不是一種聚光燈一般強烈的光芒照耀，而是一種平和、穩定的反射。物理上，人們無法直接看到自己的臉，需要一個鏡子才能看到自己的樣貌；心理上，人也有這樣的需求，即透過另一個人的反應來看到自己。

試想當一個人試圖去照鏡子，想看一看現在自己的臉上有沒有汙漬，化的妝好不好看，或是想看看有沒有受傷時，卻發現鏡子是黑的，無法映射出自己，那該是多麼令人難受和害怕的場景。缺乏鏡映的成長體驗就像是一直面對著黑色的鏡子一樣，既無法確認自己的感受，也無法欣賞自己的特點，是一種格外孤獨的體驗。

祺宇在成長過程中就缺乏這種鏡映。他與父親互動的某一種典型狀況是這樣的：雖然祺宇真的很擅長學習物理，但偶爾也會考試失誤，這時他的父親就會非常理性地和他分析試卷中的問題，探討答案。令他印象深刻的是，有一次父親甚至非常理性、中立地說：「希望我沒有看錯你，如果你只是一個庸人，學物理說不定就是害了你，沒有天賦的人是學不了物理的。」物理彷彿成了祺宇心中的一座聖山，父親的話語使他在山下躊躇著，十分擔心自己其實沒有父親口中的那種「天賦」。

在祺宇和父親的關係中，情感體驗的鏡映是不存在的。在他們的溝通中，一切都以理性、成績、智力為核心，而祺宇心中那些害怕、擔憂、渴望被認可的心情彷彿不存在一樣被忽略了。

父親的言語讓他十分相信，只有學業、事業的成功才是最重要的，並且一個人能否成功，靠的都是先天的智力。所以當他進入競爭和要求都更高的博士階段，發現自己無法輕而易舉地做到那些被父親認為是靠天賦做到的事情時，他崩潰了，感到自己遇到了前所未有的危機。在這種時刻，他也不知道如何在情感層面理解和安慰自己，或者和周圍的人溝通自己的壓力感受，因為對於他來說，那是一種十分陌生的體驗。

其實很多時候，祺宇的父親在做的並不是一種真正的鼓勵和支持，他對於祺宇的培養是缺乏鏡映的，也就是說他其實並沒有真正看到祺宇是一個怎樣的孩子，而是把自己的願望和自戀投射在了祺宇身上。他的誇獎和鼓勵不是基於事實或者祺宇自己的興趣愛好，而是基於自己對於孩子的想像和滿足自己自戀的期待。很多進行心理諮商的人會感到，也不知道諮商師具體做了什麼，好像諮商師也沒有給出很深刻的建議或意見，但就是感覺好了起來，其實就是諮商師一直在貫徹鏡映這件事。

鏡映是一種十分中性、平和的反應，不是父母追著孩子讓他喝水吃飯，不是誇大孩子的感受，更不是縮小孩子的表達，而是恰如其分地回饋等量的、相似

的、和孩子內在體驗一致的感受。

比如，一個小孩在學校考試中得了第五名的成績，被老師表揚了，他興高采烈地把這件事告訴爸爸媽媽，爸爸媽媽的哪一個反應是鏡映呢？

ⓐ不要得意忘形，前面還有四個人，驕傲使人退步！

ⓑ嗯，還不錯，再接再厲。

ⓒ你的努力得到了回報，這麼開心，我們也為你感到開心！

ⓓ哇，真是太棒了，你真是個天才，遺傳了爸爸媽媽的基因就是不一樣！

答案是ⓒ。鏡映的核心與客觀事實（考了第幾名）關係不大，而與孩子的情緒感受關係更大。養育者能否給予與孩子的情緒同頻同調的反應，是鏡映最核心的部分。

不僅僅是語言，鏡映的過程還需要回饋者的情緒、表情、身體反應都與被回饋者同調一致。只有那樣，被回饋者才會感到自己的感受被確認、映照了，自己的感受是合理的、被允許存在的。

而ⓐ、ⓑ兩種回饋，會讓孩子覺得原來自己的開心是不應該的，原來取得的成績沒什麼大不了的，由此會體驗到自尊受損。當他們下一次遇到什麼值得開心的事情時就會開始懷疑自己：自己是不是又得意忘形了？這是不是並不值得開心？別人是不是會覺得這沒什麼大不了的？憂鬱和空虛的種子就此埋下了。

而最後一種ⓓ回饋，表面上看也是對孩子的積極回饋，實際上卻是一種「自戀」的表達，這個回饋並沒有真實地看到孩子作為一個獨立個體的狀態，而是把孩子的成就看作自己的一種延伸，看似在表揚孩子，其實是在把自己投射到孩子身上，滿足自己的自戀。孩子得到這樣的回饋，當下會很開心，但是在長期發展中，就會逐漸失去動力，而變得「為了讓爸爸媽媽滿意」而努力。長此以往，當孩子發展到了要獨立分化的階段，發現父母已經不再是全世界，父母的期待不再能讓自己在社會中得到同樣的認同，要開始探索自己的人生意義和價值時，就會陷入迷茫、空虛和憂鬱之中。

所以，恰如其分的鏡映是一種格外重要的人格成長的養分。

情緒顆粒度：深入理解自己的情緒

鏡映更加重要的一個功能，是幫助人更細緻、深入地理解自己的情緒，看到那些更細緻的「情緒顆粒」。

情緒顆粒度是指一個人能夠分辨、感受和表達自己的具體情緒的能力。一個人情緒顆粒度越精細，就越不容易被兩極化的感受如「棒極了」和「糟透了」控制。就像一位作家如果詞彙量夠大，就不會用「太美了」和「太醜了」來形容一個人。如果一個人的情緒顆粒度夠精細，就能看到「糟透了」背後可能是悲哀、內疚、羞恥、尷尬、害怕、恐懼、嫉妒、憤怒等與具體場景和際遇連結起來的感受，而不會粗暴地覺得是自己太糟糕了或者這個世界太糟糕了。同樣，「棒極了」之中也有與具體的場景和際遇相連結的細分感受：放鬆、滿足、自豪、安全、感恩、有希望等。

很多認為自己有情緒控制問題的人，實際上就是由於他們自己的情緒顆粒度不夠精細從而產生了兩極化感受。在「糟透了」和「棒極了」之間沒有這些細緻顆粒的緩衝，情緒就會以極快的速度來回滑動。

把情緒與實際的場景和際遇精確地連結起來解讀也很重要。比如，一個人能夠看到自己現在情緒體驗不好，是因為這一次的考試成績不佳，除了未能發揮出應有的水準，還有很多隨機因素的影響，不能完全歸因於自己無能，也不意味著未來成績就會一直不好。這樣，他就不會為一次考試失利過分難過，也不會產生過大的情緒波動。反之，如果自己的自尊水準和體驗隨著考試成績這樣隨機性很大的場景際遇劇烈波動，沒有細緻的自我理解，那麼他就很難實現平穩的情緒。

對祺宇來說，非常重要的一個成長任務就是了解和感受自己的情緒顆粒，看到自己的生活和關係中有很多比成績、學歷好壞更加影響自己的心理狀態的東西。當他開始從情感層面感受自己的絕望和無助不僅僅是因為學業受挫，更多是來自情感關係的缺失和情緒回饋、情緒安慰機制的缺乏時，學業的壓力就不會再對他的情緒狀態產生決定性的影響。

另外，人們日常生活中時常談到的「情商」和同理能力也與情緒顆粒的精細程度有很大的關係。一個人的情緒顆粒度越精細，就越能更細緻、準確地理解他人的情緒狀況。比如，同樣是「同事哭了」這個場景，對於情緒顆粒度比較粗的人來說，可能理解的是「這個同事太脆弱了」；而對於一個情商高或者情緒顆粒度精細的人來說，能看到的可能就是「這個同事這次接了很重要的任務，他很努力了，但是因為一些原因出了差錯，上司批評了他，他感覺很羞恥和挫敗，並且還有一些其他我不知道的原因，也許他現在需要得到一些支持和安慰，也許可以嘗試邀請他一起吃頓午飯」。

在成長過程中，有足夠充分的來自養育者的鏡映，能夠在這個過程中仔細地了解和確認自己的情緒感受，是一個人獲得成熟完整人格的重要養分。

成年以後，由於時代的變化、年齡的差距和生活條件的差異，一個人也許很難再獲得來自父母的細緻理解了，但是仍然**可以透過與自我對話來了解自己的情緒，同理自己**。對祺宇來說，他發現自己要克服強烈的自責感和不安感才能允許自己面對「也許我真的不喜歡科研」這個事實，而這種自責和不安的感受阻止了他看到和接納來自自己和他人的各式各樣的情緒顆粒。他只能埋頭逼迫自己專注在科研上，忽視了自己原來很喜歡也很擅長寫科普教育文章，生動的表達讓他大受歡迎；也忽視了原來同實驗室的女孩一直很關心他，想要和他建立更親近的關係。而這些看似簡單、近在眼前的美好答案，卻是他花費了好幾年時間才看到的。

在我們的社會文化中，講求理性的聲音似乎占了大多數，似乎只有理性的人才是好的，才是可能有成就的，而「情緒」幾乎從一個中性詞變成貶義詞，似乎情緒是洪水猛獸，一旦展現和表達出來就會對人造成破壞，讓人無法取得成就。事實上，**一個能夠看到和接納自己情緒的人往往會少很多焦慮的感受，也能夠展現極大的創造力和想像力，更能建立起和他人更為緊密的連結。**

不要害怕自己的各種情緒，不要要求自己總是保持平靜和快樂，當情緒的海浪迎面而來時，不必害怕它，因為它總會退潮。只有這樣，一個人才會有更多的時間和自己的各種複雜情緒待在一起，去細細地辨識和品味那些小小的情緒顆粒究竟是什麼，從而更深刻地理解自己、理解他人，以及建立起更深刻的關係。

如果一個人想要嘗試精細化自己的情緒顆粒度，可以嘗試以下幾種方法。

正念冥想

正念冥想強調不加評判地觀看、覺察自己的各種感受和想法，就像看天邊的雲捲雲舒一樣，但這需要長期的練習和堅持。

閱讀文學作品

不要擔心浪費時間或讀不懂，你可以嘗試選擇一部感興趣的文學作品（經典文學更佳），不要只是讀完情節，嘗試理解書中人物為何做出一些舉動、說出一些話語。如果感覺書中人物做了自己不敢苟同的選擇或說出難以理解的話語，不要略過或迴避它們，反覆讀，直到自己感覺可以命名他們的情緒，說出他們表現和行為的情感緣由和脈絡。

情緒交流

找一個你信任的朋友，嘗試和他結為「情緒夥伴」，雙方盡可能嘗試回饋對方的情緒並用語言表達出來，比如：「我看你剛才癟嘴了，你是不是不滿意了，你是感到失望了？還是感覺不屑了？還是別的什麼？」互相嘗試解讀對方的情緒，並且反覆感受和確認，長此以往，情緒的顆粒度就會變得更細緻。

第八章

分化受阻的創傷

在快速變化的社會環境裡，年輕人與原生家庭分化也成了更加複雜的問題。和父母居住在一起很方便、舒適，自己有必要搬出去住嗎？自己其實沒有那麼想要孩子，但父母想要下一代的傳承，那麼是不是也應該把撫養孩子的責任分給父母？自己究竟有沒有追求想要的生活的自由，還是最好遵循前輩的規勸？對於這些問題的不同處理方式，會在本質上影響一個人的生命和自我體驗。

安全了，才能獨立：你有自己的心理安全基地嗎

前文提到過在哈洛著名的恆河猴實驗裡，幼猴們都會偏向於選擇沒有乳汁的布料媽媽而不是有乳汁的鐵絲媽媽。這個實驗裡還提到了一個重要發現，那就是當一個陌生房間裡有布料媽媽時，幼猴們會在親近布料媽媽後更敢於探索房間裡的環境、玩散落在地上的玩具。而當房間裡沒有布料媽媽時，幼猴被放進陌生房間後會嚇得發抖，很久之後才敢探索周圍的環境。

這就是早期依戀關係非常重要的功能：提供安全基地。人們都需要知道自己有一個可以「回去」的、安全的地方，才能更有勇氣地去探索外部的世界。對兒童來說，這個「安全基地」就是自己的主要養育者。所以，當養育者不能提供這個「安全基地」，或者不允許孩子離開「安全基地」時，這個重要功能就會被損

壞或喪失。因此，養育者既不能不給予兒童安全的感受，又不能阻礙兒童探索外界，這是一個非常精妙的平衡。

一位媽媽在寶寶小的時候，總是以唱歌或講故事給寶寶聽的方式來陪伴他入睡，但當寶寶長大一些，媽媽可能會覺得也許寶寶不再需要那麼多的故事和睡前歌謠了，於是就減少了一些睡前陪伴，在寶寶入睡之前就離開房間。這樣，寶寶就要自己找到在睡前安慰自己的方式，自主地入睡。這就是著名自體心理學家寇哈特（Heinz Kohut）形容的「恰到好處的挫折」。這種「恰到好處的挫折」帶來的自主性恰恰是促進一個人分化獨立出自己人格的重要養分。

自主性是一個人或一個動物生存下來的必要特性。在自然界，很多動物剛剛長到可以獨立覓食生存的程度，撫養牠們的雙親就會立刻離去，幼崽從此過起了「自生自滅」的生活。在這樣的情況下，自主性當然不會被減損，因為幼崽一旦缺少自主性，就難以在大自然中存活下來。但是人類更為複雜，有著各種延綿的情感和互相支持的需求，這讓分化自主也變得複雜起來。

成長，是孩子在養育者提供的環境中「自主」（Autonomy）發生的過程，而不是養育者對孩子做出的行為。就像養一株植物，一個人能做的是為它提供合適的土壤，按照合適的頻率澆水，它自然會長成它本來的樣子。如果一個人想讓一株龜背芋長成一株玫瑰，不僅不可能，還會讓培育者和植物都十分痛苦。

自主是每一個人的基本心理需求，是指人們需要感到自己能夠決定自己的行為和選擇，是自由的，而不是被他人控制的。只有這樣，一個人的生活才是真正有內在動力的，他才可能在生活中體驗到真正的興趣和激情。反之，如果一個人沒有感到自己的生活是由自己主宰的，無法依照自己的喜惡來行動，就會體驗到憂鬱和無意義感。

與自主相對的就是被控制，即一個人的行為不能由自己決定，而由他人決定。有時人們認為自己做一件事情是自主的，實際上卻是被控制的。比如，一個學生決定競選學生會主席，但他的動機並不是認為做學生會主席是一件有意義的事情，而是覺得這樣做會讓自己看上去很優秀、體面。其實，這種情況就是一種隱形的被控制的行為。這種表面上的自主性，在某種程度上就是心理學中的「假自體」，即一個人建立起來一個適應社會和他人需要的自我形象，儘管這並非真實的自我。能夠被允許分化獨立，是一個人人格發展的基礎需求之一。但是很多時候，這往往不是一件容易的事情。著名社會學家費孝通早在二十世紀就在他的著作《生育制度》裡寫過這樣一段生動而深刻的話：

我們若觀察一個孩子的生活，有時真會使我們替他抱不平。他很像是個入國未問禁的蠢漢。他的個體剛長到可以活動時，他的周圍已經布滿了干涉他活動的天羅地網。孩子碰著的不是一個為他方便而設下的世界，而是一個為成人的方便所布置下的園地。他闖入時，並沒有帶著創立新秩序的力量，可是又沒有個服從舊秩序的心願。於是好像一隻扯滿帆的船，到處駛，到處觸礁。他所觸的礁並不限於物質的。當他隨手拿著本書，正打算一張張撕下來，點綴他周圍平板的地面時，一隻強有力的手，把書拿走了。有什麼理由呢？他是不會明白的。要抗議，張開小嘴嚷，放開嗓子哭，說不定又來一隻手，正打在小屁股上，一陣痛，完事。我們若是有閒情，坐下來計算一下，一個孩子在一小時裡受到的干涉，一定會超過成年人一年中所受社會指摘的次數。在最專制的君王手下的老百姓，也不會比一個孩子在最疼他的父母手下過日子更難過……從小畜生變成人，就得經過十萬百千劫。

的確，每個人都降生在一個名為家庭的「天羅地網」之中。對幼兒來說，父母家庭的規矩就是世界的秩序，他們是強大的、不可反抗的，是幼兒對於這個世界運行規則初始的認知，自然就會對他們進入社會後的行為和信念產生至關重要的影響。用費孝通先生的話講，就是要把一個「生物人」轉化為一個「社會人」，這個轉變的工作就是在家庭中進行的。而這個轉化是否成功，其中關鍵的一點就是一個人自己的自主性和內在動機能否得以保留和發展。

敢獨立：獨立的心態分為「自給」和「自足」兩個部分

雨菲今年已經二十九歲了，但她仍然和父母住在一起。她的母親認為女孩不應該在結婚之前離開家獨自居住。一方面，房租是一筆不菲的開支；另一方面，母親認為女孩獨居非常危險，並且雨菲沒有能力照顧好自己。對於雨菲來說，這反而是一件需要適應的事情，因為從上大學開始的很多年中，她離開家自己生活，留學回來以後，反而像回到小時候一樣被父母管了起來，從早上幾點起床到晚上幾點吃飯，都需要遵從母親的決定。

雖然雨菲一直學習與藝術相關的專業，母親卻非常希望她能進入金融領域工作，認為那才是一份真正體面而穩定的職業。雨菲曾經找到一份自己喜歡的與藝術相關的工作，母親卻說：「你現在拿到的那點薪水什麼時候才能把學費賺回來？」她的父親也會對她說：「你現在做的事情對社會有什麼貢獻和價值？都是些虛無縹緲的東西。」這讓雨菲感到十分愧疚，覺得自己的確應該多賺一些錢，而與藝術相關的工作可能需要累積很多年的時間才會有較好的回報。同時，雨菲也感到也許自己能多賺一些錢，父母就能更認可她，也就不會那麼多地干涉她的生活了。抱著這樣的信念，雨菲離開了自己喜歡的工作，入職了父母安排的金融公司。

抱著這樣的信念，雨菲在工作中遇到了很多的困難和痛苦。每天早上，她感到自己都要費很大的力氣才能從床上爬起來。面對一整天繁重的工作，她有時甚至會哭泣。雖然她感到自己已經很認真了，但在工作中依然會頻頻犯一些粗心導致的錯誤。有的錯誤只是需要被同事提醒即可改正，但是有的甚至會對整個公司造成巨大損失。在工作以外，父母也很擔心她在婚戀方面「受騙」，害怕她在戀愛中吃虧，要求她只能找「門當戶對」的對象。

這些限制都讓她感到很挫敗，直到有一天早上，她覺得自己真的無法起床，身體像鉛塊一樣沉重，於是向公司請了假。本來以為是感冒了，休息一天就會好，結果一週以後仍然無法離開床。那時的她開始意識到，自己可能是憂鬱了，於是去醫院看了精神科醫生，被診斷為重度憂鬱，開始服藥。

在遇到分化受阻問題的年輕人中，大部分人都會有一個焦慮點：如果我真的獨立了，我還能不能維持之前的生活水準。對雨菲來說也不例外，她很清楚地知道，如果自己離開家租房住，生活品質肯定不如在家裡生活，也比不上父母給生活費的學生生活。事實是，當一個人開始脫離原生家庭，靠自己的能力生活時，往往會經歷一些物質生活上的落差。但是這種「從頭開始」的落差感，本身也是一種促進分化和建立自我認知的體驗：從頭開始做一份事業，從那些最瑣碎、普通的任務開始，會是怎樣的？自己開始建立自己的生活，選擇住在哪裡、如何布置自己的房間、一日三餐吃什麼，會是怎樣的？這些看似煩瑣而細小的體驗，恰恰是一個人真的理解「自己能給自己什麼」的開始。

了解自己能給自己什麼，並且能在一定程度上滿足於這些自己給自己的東西，這種「自給」與「自足」相結合的狀態才是真正的獨立心態。當一個人無法滿足於自己能給自己的東西，無法為自己得來的成果感到驕傲，而要把它與父母透過幾十年的累積得來的成果相比較時，就很難實現真正的分化。

相傳，美國銅礦大王的女兒在繼承了父親的巨額財富之後，希望把自己託付給一個男性，但是當她發現這個男性只是貪戀錢財、辜負了她以後，她就守著這筆財富，終生再也沒有出過門。這不由得讓人遐想，這筆財富對她來說究竟是幸運還是災難。假設沒有這筆財富，她只是一個普通女孩，也許可以在工作中發現自己的激情和興趣，也許更可能找到真誠的愛情。

對雨菲來說，從頭開始做內心真正熱愛的藝術工作並接受那些看起來也許有些微薄的報酬，賦予其特殊的意義，是心靈成長必要的一步：這些報酬不僅是錢，更是她在做自己珍視的、感興趣的事情得到的回饋和回報，這些報酬也是她未來有可能、有潛力在這一領域中深耕、進步的佐證。

給孩子自己探索、體驗世界的自由，並且讓他們為自己的努力感到滿意、驕傲，是父母能給予孩子比物質金錢寶貴得多的財富。

從內攝到內化：面對外界的期待，如何堅持做自己

在心理學中，有兩個相近的概念：內攝和內化。這二者時常被混淆，造成很多誤會。簡單來講，**內攝是指一個人從另一個人（一個體系、系統）處全盤接受了一種價值標準或自我要求，內化是指一個人經過調整後接納的一種價值體系和自我認識。**

從某種程度上講，內攝是內化的原始狀態。在幼年時，孩子並不懂得這個世界的規則和因果關係，養育者制定的規則和要求就是一切。為了保持和養育者的連結，孩子幾乎必須全盤接受外界施加的一切規則和要求。

隨著自我的發展和成長，個體逐漸開始能夠感知自己和他人的邊界，理解自己的特點和需求，於是他就會把這些個人需要和特質與這些要求和規則結合起

來，由內攝轉變為內化外界的期待和要求。

簡而言之，內攝就像是囫圇吞下一塊食物，往往會引起消化不良，內化是細嚼慢嚥，吐出自己不喜歡的食物，消化自己能接受的部分。

如果一直沒有從內攝外界要求發展為內化外界期待，會怎麼樣呢？雨菲的狀況可能是其後果之一。被內攝的外界要求的確可以為一個人提供一些方向和動力，去行動和實施計畫，但是缺乏與自我內在需求融合的動力，往往不足以長期支持人們採取某種生活方式或投入需要真正用心的工作。雨菲可以在內攝的要求和目標下在金融公司工作，滿足那些顯性的工作要求（按時上班、實施上司指派的任務），但她無法讓自己真心在意自己的工作，也無法投入那些細節——不是她不想，而是她無法真正理解內攝目標的內涵。

雨菲真正內化認同的職業是藝術策展，那麼邀請的藝術家是誰、不同作品的排列順序、作品間隔多少釐米、背景是什麼色系，這些對她而言都有富有真實體驗及強烈意義的差別和內涵。她並沒有真實興趣的金融工作對她而言，只是報表上的數字差別、股市的走向變化、投資建議書上不同的結論，在她的個人感知中，這些都是「上司指派的任務」，她無法真實體驗到其中細緻微妙卻又深刻影響工作效果的部分。

對雨菲來說，「要做與金融相關的穩定工作」這個概念是一個未經消化的內攝信念，她在表面上接受了這個信念，卻並沒有真的接受支撐這個信念的內涵，結果就是，她無法真正「消化」這份工作使命，故而出現了這樣的症狀。

雨菲的父母沒有意識到自己作為父母，為女兒提供「安全基地」功能的邊界在哪裡。在他們的視角中，他們非常努力地想要保護雨菲，為她提供穩定的工作，規劃好她一生的發展方向。這樣的行為其實是在阻止雨菲離開「安全基地」，阻止她探索自己的世界和人生。當「安全基地」成了一個人生活的全部而無法離開和冒險時，憂鬱、空虛和無意義感自然就產生了。

很多時候，「被強迫」的感覺不僅來自那些權威、粗暴的壓迫，也可能來自那些充滿誘惑的良好感受。有趣的是，過分的或不合適的獎勵也會傷害一個人的自主性。存在主義哲學家沙特（Jean-Paul Sartre）認為，自由意味著接受自己的界限，而過分或不合適的獎勵，會使一個人無法接受或無法看清自己的界限，反而遭受界限不斷被拉扯的痛苦。

對雨菲來說，難以堅持自己的想法、做自己感興趣的工作，還有一個十分重要的原因，那就是她發現自己從事與金融相關的工作後，父母非常開心，對她大加讚許。她聽到那些讚揚的瞬間會覺得，也許自己的犧牲和妥協是值得的，因為至少滿足了父母的期待，這為雨菲帶來了莫大的安慰。但是從某種程度上講，這些讚揚和肯定反而成了令雨菲更加痛苦的源頭。

觀察很多兒童和父母的互動可以發現，一些父母對孩子的教育似乎充滿了鼓勵和正面激勵，比如，一個母親可能會對孩子說「今天吃飯的時候你一直很安靜，真是個好孩子」，或者一個父親會對孩子說「考試考了一百分，就買遊戲機給你」，然而這樣的回饋很有可能是有害的。也許這個孩子是因為心中有事不開心才在吃飯時沒有說話，如果母親沒有觀察到這一點，反而表揚他，他會感覺原來自己並非處於開心的常態才能獲得表揚；而受到遊戲機的誘惑才學習的孩子，有可能就此失去了探索學習過程的興趣享受和內部動力。

曾有心理學實驗表明，同樣是讓受試者玩玩具，那些沒有因為玩玩具得到獎賞的受試者反而比那些可以得到金錢獎勵的受試者對於玩具本身有更濃厚的興趣，也更願意在實驗以外的時間玩實驗玩具。

簡而言之，一件事情是不是一個人自主做出的，很多時候要看這個人做這件事情時是真正享受和投入這件事本身的過程，還是只是為了完成這件事之後可以實現某種目標。這種隱性的、來自外部的、看似正面的激勵的「控制」，如果遍布了一個人的生活，就會讓這個人有強烈的空虛感和無意義感，甚至會對自己究竟是一個怎樣的人感到困惑。

一個人究竟應該如何完成自己的生命軌跡，真正實現獨立？在某種程度上，人們都在嘗試像一個作曲家或小說家一樣「譜寫」自己的人生故事，即人們都試圖串聯自己的發展歷史，使它成為一個有邏輯、情節和主題的敘事。比如，蝙蝠俠小時候因為歹徒作惡而痛失父母，因此產生了強烈的除惡揚善的願望，於是懷揣強烈的動力去學習格鬥和發展科技，最後成為自己希望成為的英雄騎士。這個故事是很典型的、有著清晰的動機來源和故事線條的敘事，普通人雖然可能沒有如此戲劇和因果清晰的人生邏輯，但也需要有自己能夠理解和解釋的生活動機。

如果一個人的敘事裡被強行插入太多他人的語言和情節，故事就會變得不和諧、不連貫，就像蝙蝠俠的故事裡忽然被插入一個白雪公主逃跑的情節，主人公就無法感到自己是故事的主宰，就會喪失生活的意義感和價值感。

對雨菲來說，她面臨的情景就是自己的藝術職業生涯突然被打斷，進入了一個自己沒有概念、不知道起承轉合的故事之中，這令人茫然。而她所需要的成長恰恰是搞清楚自己的邊界究竟在哪裡，搞清楚讓父母滿意究竟是不是一個可以真正令她有動力的動機，搞清楚她對自己的期待和父母對她的期待究竟有多大的矛盾。她的探索和成長的目標看似簡單，過程卻十分拉扯和反覆，因為分化的過程在某種程度上就是令人痛苦的，如同嬰孩要從母體中被分娩出來。雨菲要完成分化，要做自己，就需要承受令父母失望、無法滿足他們的期待這個痛苦的事實。對雨菲來說，要堅定自己的職業發展方向還需要面對「如果在自己選的道路上沒有獲得成功，父母就會責怪她為何當初不聽他們的」的可能。實際上，耐受他人的失望和負面情緒，也是一個人分化和獨立的基礎能力。

在長達兩年的拉扯和糾結之中，雨菲逐漸面對和體驗這種自我邊界和父母期待之間的衝突，逐漸學習耐受來自父母失望的情緒，感受自我的力量。最終，在有了一定積蓄之後，她選擇回到自己熱愛的藝術行業。這樣，雨菲終於回到了自己譜寫的敘事中，成為自己故事裡的主人公。

如果你要完成一件自己十分不喜歡的事情，但可以從中得到某種很豐厚的回報（財富、社會名譽），你會怎麼選擇呢？如果你感到做一件事情只是因為這件事情帶來的間接回報，對過程本身並不感興趣甚至感到痛苦，那麼你需要想一想，你是否被某種來自外界的思想枷鎖控制而必須做這件事。

「假性分化」：能反抗，就是獨立嗎

程晉和父母的衝突總是很多，幾乎三天一大吵、兩天一小吵，他在理性上覺得自己沒必要和他們吵架，但當有意見分歧時就是忍不住。比如，中秋節即將來臨，程晉的父親認為他應該準備禮品送給上司，這樣有助於聯絡感情。程晉對於父親這樣的建議很反感，因為他覺得自己所處的企業並沒有這樣的「文化」，上司並不會在意別人有沒有送禮給他，並且覺得這樣的行為是「蠅營狗苟」，這樣做讓他感到很沒有尊嚴。然而，幾天以後，在矛盾糾結的心情下，程晉還是送了禮物給上司，因為如果不這麼做，他就會不安心。但這樣做了以後，程晉感到自己並不愉快，甚至覺得上司對他的態度非但沒有變得熱情，還有些冷淡，他有些後悔，覺得自己是不是過於討好上司反而弄巧成拙了。想到這一點，程晉感到自己被父親的建議誤導了，因而很憤怒，又和父親吵了一架，指責父親總給他出「餿主意」。

然而，這樣的爭吵之後，程晉又會陷入對父親的愧疚和對自己的自責之中。這樣的過程總在循環往復，讓程晉很痛苦，使他感到自己沒有能力獨立面對自己的生活，做出自己的選擇。他總擔心自己的想法也許有問題，需要找到一個人來證明他的想法是正確的才敢行動。

我們總會發現身邊有不少像程晉一樣的朋友，他們看起來很獨立，能夠直接表達自己的意願以及反抗父母。但仔細觀察可能會發現，他們一邊抱怨著父母對自己的控制有多麼可怕，自己有多麼不認同父母的觀點和要求，一邊在行動上卻對父母言聽計從。這其實就是一種看上去有自己獨立思想的「假性分化」。

實際上，人會有這樣的狀態是有理由的。一些看起來沒有益處的事情，其實可能有一些潛意識層面的、不易被察覺的、原始的益處。對程晉來說，這樣做的獲益其實是「避免自己為不理想的結果負責任」。在某種程度上，與父母吵架是程晉「轉移責任」的防禦方式：透過吵架這種激烈的對抗，把自己對於選擇的不確定和不安全感轉移到父母身上。這樣的爭吵其實是一種責任轉移的確認，程晉是在對父母說：「看吧，你們讓我這樣做，結果卻是這樣糟糕，這都是你們的責任，不是我的錯。」

為什麼對一些人來說，這樣的「初級獲益」很重要呢？這種利益在更成熟的人看來是沒有必要的或是「不划算」的，但對於獨立分化受阻的人來說卻是重要的「益處」。因為在他們的成長經歷中，可能從來沒有體驗到養育者的「放手」。

程晉小學時曾遇到被同學欺凌的事情。某天，他得到了一次為班級主持繪製黑板報的機會，出於嫉妒，其他幾個本應配合他的同學開始為難他，趁他不在的時候毀壞他繪製的黑板報，還寫侮辱性的話語。程晉對此感到非常傷心，並把這件事告訴了父親。沒有想到父親的反應比他還要激烈，直接跑到學校，當著全班同學的面狠狠地「教育」了那幾個同學，甚至還打電話給老師，責備老師沒有教育好學生。程晉的父親教育他，以後遇到這種事，就要像他一樣有骨氣，維護自己的尊嚴。之後，的確沒有人敢再這樣欺負他了，但他也感到沒有人願意和他交朋友了。他心中一直為這件事感到很羞恥，覺得好像其他同學都看不起他這樣依靠父親的行為，也很擔心老師心中會對自己不滿。至此，他開始對社交有所迴避。

程晉父親行動的動力，其實不是孩子本身的需要，而是他自身的焦慮情緒。也許他有過小時候被人欺負時父母卻不幫助自己的經歷，或有其他的擔憂，促使他做出了超過孩子需要的反應，讓一個本來可以讓程晉體驗「恰到好處的挫折」的場景，變成了讓程晉體驗「自己無法解決自己問題」的場景。在年幼的程晉看來，父親在盡最大的努力幫助他，結果卻是這樣，這讓他十分畏懼在人際關係裡再出現任何的問題和衝突，因為即使問題被「解決」了，結果也會讓他很難受。這樣看來，似乎唯一的選擇就是不要與他人產生矛盾和衝突。

這種體驗和信念一直伴隨程晉的學業與工作。每當工作上出現一些需要和同事溝通的事情時，他都會擔心自己做得究竟對不對，無法自主做出選擇和判斷。所以，程晉對於父母的聽從，本質上並不是一種真實的對父母的認同，而是出於對自身無力感的無可奈何。他感到自己沒有能力處理人際關係中的矛盾，也無法為後果負責，所以依靠其他有堅定意見和想法的人是唯一的選擇。

程晉的父親強大的行動力和帶有侵入性的幫助方式，某種程度上「閹割」了程晉的自主性，讓他深深地體驗到父親的強勢、自己的弱勢，父親是有能的、自己是無能的。程晉很難從父親包裹覆蓋他生活問題的養育方式中分化出來，這讓他一直需要依賴父親的觀點，並以此作為行動的指南。

在孩子成長的過程中，其實養育者需要的是設定一個「安全框架」，而這個框架之中的空間是交由孩子自己去探索的。其實，程晉的問題並不在於他選擇的處理人際關係的方式是對是錯、是好是壞，而是這個方式是不是他自己選擇的，是不是和他的自我感受一致。

比如，人們在生活中可以看到很多「濫好人」，有時這些「濫好人」處理問題的方式似乎會讓周圍親密的人覺得太忍讓、太委屈了，但他們自己並不覺得很痛苦。同理，也有很多在旁人看來似乎過於強勢和有攻擊性的人，他們往往會在人際關係中讓他人體驗到被強加和壓迫的感覺，但是他們似乎並沒有感到不合理並想要改變。這是因為這些處理方式，是在他們自主的行動和實踐中建立起來的，在他們的個人經驗中是有效的、自洽的。

自主的探索和嘗試非常重要。當養育者建立起一個「安全框架」，讓孩子能夠自主嘗試如何與人交往時，他就會逐漸建立一套符合自己風格的、充分內化過的人際原則。但是，如果養育者打斷了這種自主的探索和實驗，往往就會造成分化和獨立判斷問題的困難。比如，對於程晉的父親來說，他大可用更低調的方式與老師商談這件事情，請老師留心關注一下會不會有同學欺負程晉的情況，並且告訴程晉，家長和老師是會保護他的，可以與他一起商量該如何應對這個問題（這就是所謂的搭建安全框架）；程晉的父親卻選擇直接代替程晉做出行動，與老師和同學發生衝突，他這樣做其實剝奪了程晉做決定的體驗，同時還沒有讓程晉感到有一個安全設定的存在。所以，對程晉來說，父親的做法讓他感覺自己就像被孤立無援地拋在了曠野中，手中被塞了一把武器，而他根本不知道如何使用這把武器。

在程晉的生活體驗中，其實沒有自我與真實世界的直接碰撞和連結，因為父親像一堵牆壁一樣擋在他和真實世界的體驗之間。比如，一個小孩看到火會很好奇，想要去烤火，如果他離得太近，被燙了手，這個真實的痛的體驗自然就會進入他的自我感受之中，他會很直觀地知道如果去碰火會有多疼，下次如果要烤火要離多近。如果這個小孩還沒有離火很近，父親就跳出來，大聲呵斥、阻止他烤火，告訴他這會很疼、會受傷，會讓這個小孩不能基於現實的體驗做出決定，也許會誇大火的可怕，失去享受烤火的樂趣。這就是程晉在遇到人際關係問題時體驗到誇大的恐懼和猶豫不決的原因。

也許對程晉的父親來說，他已經建立起了穩定的處理人際關係問題的原則，認為這沒什麼問題，但這不代表程晉可以不透過自己的探索就直接繼承他的處理方式。父親處理問題的方式，他無法直接習得，還帶給了他強烈的不安全感；與此同時，父親又不斷地向他強調，只有這樣做才是對的，才能避免被人欺負。這使得程晉難以有機會去真正內化這樣的處理方式。

對程晉來說，他需要的人格成長是體驗、堅持自己處理問題的風格，不管最後結局是怎樣的，都能體驗和感受到合理的、有好處的那個部分，同時接納不完美的那些部分（因為這些都是他需要自己為自己負責的部分）。自己體驗和決定要靠那團火多近，自己體驗和決定自己能忍受多少疼痛、獲得多少溫暖。只有接納了這部分責任，他才能真正認可自己的選擇，體驗真正的自我肯定和自信。

婆媳關係：與原生家庭分化不足導致的婚戀問題

婆媳關係問題可謂家庭中典型的關係問題。不管是在社會新聞裡，還是在心理諮商室裡，我們都會發現，被這個問題困擾的人數不勝數。

小劉因為自己的媽媽和太太總是產生矛盾而來做諮商。小劉和太太結婚以後一直住在父母家，一是因為他們暫時還無法負擔租房支出，二是小劉的母親認為小倆口沒必要出去租房，在家裡住父母還可以幫他們做飯、照顧他們。於是結婚兩年來，小劉和太太就一直和父母同住。在他們的孩子出生之前，一切都還算平穩，雖然小劉的太太和母親在生活方式上有很多不同，但是畢竟大部分時間小倆口都在上班，週末也可以出去玩，所以並沒有爆發很大的矛盾。

然而孩子出生以後，小劉的太太就開始對婆婆感到十分不滿，甚至告訴他，自己之所以產後憂鬱要就醫服藥，都是因為他的家庭帶給她的壓力。小劉的太太感到婆婆在養育孩子方面不尊重她的想法，用很多「不科學」的方式養育孩子，比如，餵孩子吃太多的米糊。而小劉的母親認為，自己的幾個孩子都是這麼養大的，都成長得很健康，怎麼會有問題呢？小劉的太太堅決認為，自己是孩子的母親，在如何養育孩子上有絕對的話語權，她不會讓步，並且要求小劉向自己的母親說清楚。而小劉的母親則向小劉哭訴自己在養育孫女上多麼盡心盡力，媳婦卻不領情。這讓小劉感到左右為難：之前雙方都可以妥協的一些生活方式問題，在養育孩子這個雙方都認為關鍵和重要的事情上，無法妥協了。

這種典型的婚姻家庭問題，其實是顯著的「與原生家庭分化不足」導致的矛盾和問題。

在很長一段的歷史時期裡，由於封建思想的影響或農耕文化的需求，勞動力需要留在家庭中，這時一個家庭的後代，某種程度上是不允許從原生家庭中分化的。在社會的標準裡，男性只能選擇繼承和留在自己的原生家庭中，而女性應當透過婚姻從自己的原生家庭中無縫接軌地進入另一個大家族中。從語言文字就可以看出來。在傳統中，結婚被區分為「娶」和「嫁」兩種針對不同性別的行為，實際上是男性把女性娶到家中來，而女性從自己的原生家庭中離開，嫁到男性的原生家庭中去。

社會學家費孝通在《鄉土中國》和《生育制度》中對東方文化不傾向於分化的特點有很深入、清晰的描述。在著述裡，他將東方社會格局形容為差序格局，意思是對每個個體來說，社會關係是像一個同心圓般的存在，親疏遠近非常分明，一個人對待自己的近親父母、兄弟姐妹、遠親鄰居、同事朋友是非常不一樣的，能夠期待得到的東西也顯著不同。在西方文化裡，社會格局更像一個網格，每個個體都是網格上均勻散布的點，每個人之間的距離相對均衡，親疏遠近的差異不像東方社會中那麼顯著。所以，對於分化獨立這個議題，在西方文化裡是更加容易被接受的，因為即使一個人澈底離開了家庭，他也可以很容易地在這個均勻散布的網格中找到自己的位置。而在東方文化中，一個人若要遠離自己處在的同心圓圓心，就沒那麼容易了——因為他在別人的同心圓裡總在離圓心更遠的某處，而要拉近這種距離並不那麼容易。

原生家庭分化這個概念，在很長的歷史中並不真正存在於東方文化之中——在那樣的文化設定下，男性永遠屬於自己的原生家庭，而女性則在成年結婚後離開自己的原生家庭，加入男性的原生家庭之中。近代以來，隨著城市化的快速發展，人們已經離開了需要家族聚居勞動的農村土地，來到了以更小的家庭為單元的城市，生產生活不再需要家庭中很多人聚在一起，與原生家庭分化才逐漸成為一個普遍存在的需要。而「婆媳關係不合」就是這樣一個變化過程中必然的產物：對婆婆來說，文化設定還是農耕文化裡的那一套，婆婆會認為自己的兒子仍然屬於自己的家庭；對媳婦來說，文化設定已經到了城市化背景裡，媳婦當然會認為自己的丈夫是屬於自己的小家庭的。本質上，這是兩種截然不同的文化觀的碰撞，而不是簡單的所謂個性不合或者雙方在「爭奪男人」。小劉面對的不是簡單地學習如何協調媽媽和妻子之間的生活矛盾，而需要從根本上想清楚自己認同的文化和家庭形式是哪一種，然後基於自己的選擇去和家人交流溝通。

當然，這樣的文化區別和衝突很難說哪一種是更「對的」或是「應該的」。每一種生活方式都各有其優勢和需要被忍耐的部分。比如，只有在不那麼強調分化和獨立的文化裡，才可能出現爺爺奶奶成為照顧孫輩的主力軍的情況，他們這樣做極大地減輕了年輕夫妻養育孩子的經濟和體力負擔，以及父母會認為購買房產給孩子是應盡的義務；與此同時，父母理所當然地認為在孩子未來的生活裡有自己的一席之地。在非常強調獨立和分化的文化裡，年輕一代可以更輕鬆、合理地享受自由的選擇、自主的生活；與此同時，必須獨立承擔進入社會的各種經濟壓力，以及完全承擔撫養孩子的辛苦等。這些取捨，都是年輕的家庭在做好心理準備之後才能做出的。

更重要的是，內心接納這些取捨，看到這是自己的選擇必然帶來的利弊，也是一個人真正分化成熟的重要標誌。事實是，一件事物的利和弊就像硬幣的兩面，無法只取利而清除弊。讓小劉在家庭關係痛苦的部分是，他感到自己被迫夾在妻子和母親之間，這不是他自己的選擇，他是被強迫的。然而進行現實檢驗之後，他逐漸能夠接納這種生活狀態是他自己做出的並非完美但基於現實的、最為合理均衡的選擇：他既不用完全依靠自己的力量撫養孩子，又能夠獲得相對獨立的生活空間。這種選擇的代價就是他需要付出努力去協調來自不同家庭的女性——母親和妻子之間的關係。他其實擁有其他選擇，比如更加獨立，依靠自己的力量撫養孩子，那麼代價就是更辛苦、更努力。看到並且接受這些選擇的利與弊是十分重要的，因為選擇不是一成不變的，隨著一個人的成長和改變，也許一些弊端就不會那麼令人難以忍受，選擇也可以隨之調整。一個人是否從心理上真正獨立和分化，重要的並不是物理上或形式上與原生家庭的關係，而是自己內心是否感受到自己與原生家庭的關係形式是自己的個人選擇，是基於自身的需要和偏好（無論這些偏好和需要是基於自己的道德觀念、現實需要還是情感需要）做出的。

不管一個人在怎樣的處境中，都應該看到這種處境其實是自己的一種選擇。也許這種選擇是無意識做出的，或是順應著大環境自然而然做出的，但它仍然是一種選擇。只有看清和理解了自己的選擇，才能達成內心和現實的一致性，看到選擇的利，接受那些弊，利弊都接受才是真正的接納。**唯有真正接納自己的選擇，才算實現了真實的獨立和分化。**

第九章

來自學校的創傷體驗

學校是一個人開始最初的社會化的環境之一。在那裡，孩子們從以自己為核心的家庭結構中出來，進入一個更加像社會的集體環境裡。在那裡，出現了兩種新的基本人際關係，一種叫作「同輩」，比如自己的同學、朋友；另一種叫作「權威」，就是學校裡的老師、校長、管理者等。在這裡，孩子們開始逐漸形成自己的人際交往風格，發現自己的集體角色。這是一個人找到自己的「社會位置」的開始。

很多人會把進入學校的意義簡單地理解

為學習知識、通過考試，但是學校環境的重要性遠不止於此。最重要的是，人是一種社會動物，幾乎每一個人都需要在學校環境裡學習如何在社會中與不是自己親屬的他人好好相處，建立合作關係，最終獲得在社會中獨立生存的能力。

權威的力量：我的生存由權威掌控嗎

一直以來，小K都有著很嚴重的與權威人物相處的困難。小K的家庭經濟條件不是太好，但是她就讀的學校卻有很多經濟條件很好的同學。她時常會感到被忽視和歧視，認為老師把資源和關注給了那些經濟條件更好的同學。小學時，在一次班級幹部競選中，小K獲得了最多的票數，按照規則她應該當選班長，但是她並沒有真的當選班長，因為老師任命了另一名學生為班長，這名學生的家長與老師「關係密切」。這讓小K深受打擊，也讓她在很大程度上失去了對老師這個權威形象的信任。她開始在學校裡感到孤立無援，覺得自己無論怎麼努力都沒有用，本該屬於她的機會總是會被別人搶走。

她一方面覺得很無力，另一方面又覺得很憤怒，覺得自己在集體中不可能被公平對待，一切只能靠自己，於是埋頭苦讀，除了學習成績，什麼也不關心。在她的信念中，只要熬過學校時光，有了自力更生的本事，這些痛苦就不會再跟隨她了。這樣持續了十幾年的時間，小K的努力得到了回報，她進入了一所十分著名的大學並開始為博士學位而努力。但是令她沒有想到的是，多年前的痛苦情節又回到了她的生活中：她感到她的導師開始剝削她，侵占她的勞動成果，不給她應有的署名和報酬，甚至還把她的勞動成果分給了其他在她看來與導師關係更好的同學。小K十分憤怒，可是又不敢提出意見，擔心如果得罪了導師，就沒辦法畢業了，這樣她埋頭堅持了十幾年的辛苦就白費了。在嚴重的無力感和長期被剝削的痛苦之下，她陷入了憂鬱，並且申請了休學。她開始懷疑之前長期努力的目標和方向。

即使不是在專業的臨床心理工作中，人們也常常能聽到周圍很多人對老師的憤怒或悲傷的抱怨。為什麼有和「老師」這個角色相關的人際創傷體驗的人這麼多，這種創傷體驗又為什麼對人的影響這麼大呢？

這是因為在學校裡，一個孩子第一次體驗到自己不再像在家中那樣，是唯一的或是為數不多的幾個小孩之一，無法再像在家裡那樣成為被關注的焦點。作為權威，學校的老師和管理者似乎擁有比父母更大的權力，能夠指揮為數眾多的包括孩子自己在內的很多人。在學校裡，每件事情都會涉及比在家中更多的人、更多的不同意見、不同反應，有更複雜的日程、規則、紀律，如果不遵守就會有負面的回饋。這一切都意味著，適應學校環境對任何孩子來說都是一個挑戰，在面對和適應這個挑戰的過程中，孩子如果沒有得到來自老師這個權威形象足夠的支持和恰當的理解，也可能遇到一些創傷體驗。

著名心理學家阿爾弗雷德·阿德勒（Alfred Adler）在他的作品《自卑與超越》（*What Life Could Mean to You*）裡講述了很多他對於教師職責和角色的重要看法。在他看來，每個教師都應該很了解學生們的心理狀態甚至變成心理學家，因為教師是能接觸並影響孩子最多的人，他們只有這樣做才能更好地幫助孩子們融入社會、學會與人合作。誠然，這樣的希望是美好的，但是，面對如此複雜和重大的責任、如此艱難的工作、如此多的學生，任何一個教師要達到這個要求都非常困難。

對小K來說，她在成長過程中遇到的小學老師和博士導師，在某種程度上就在這個任務上失敗了。他們令小K感到自己和權威及同輩的合作關係是不存在的，她無法以一種共贏的方式和周圍的人合作，而總是感到自己是一個被剝削、被壓迫的角色。這樣的關係經歷對於小K的傷害很大，作為一個人，比起獲得優異的學習成績，學會與他人建立良好的合作關係是更加重要的生存技能。很明顯，小K的老師們並沒有像阿德勒所說的那樣，意識到讓學生們學會社會合作是自己的重要職責。

法語單詞「noblesse oblige」的大意是「貴族的義務」，即當一個人被放到尊貴的、高尚的角色中時，他往往會付出更多的努力並在道德上更嚴格地要求自己，以符合這個尊貴的頭銜。所以，在某種程度上，很多職業不是天生高尚，甚至也不是從事這些職業的人希望自己看起來高尚，而是人們需要它高尚。所以，無數的社會訊息在從小教育著所有人要尊重老師，這是一個偉大的職業，要聽老師的話，把老師的要求當成標準，把老師的形象當作模範，這會使人們對這個角色產生一個十分理想化的感受。那麼，當這種理想化被打破，一個人發現自己的老師也只是一個有私欲私心，有各種缺點和情緒波動的凡人，並且這些部分還會深刻地影響自己的生活環境時，他受到的衝擊自然就很大。

在某種程度上，如果一個人能同理、能理解教師要承受和接受這種「高尚的形象」也是很大的負擔，能理解人總是難以長期壓抑被這些光亮的外表壓制的需求，能理解他們總需要滿足一些正常人的需求，也許他對於權威的期待破滅的落差感就會小很多了。

同時，這也是一個社會系統性的問題。不可否認的是，教師就是一個對從業者有更高道德要求的職業，因為這是社會中教育未來一代學會合作、融入社會至關重要的角色。將這麼重要的具有巨大外部性的職業功能完全寄託於從業者的自我道德要求，是一件十分困難的事情。對小K來說，真正重要的是理解自己經歷的來自權威的這種「辜負與壓迫」的本質，是她遇到的權威角色，即老師，沒有符合理想社會中對於老師的形象和功能的要求。而這種創傷對她最大的影響，不是她所理解的「阻礙了我獲得我應該有的學業成就和成功」，而是挫敗了她對他人的信任感和安全感，以至於她無法繼續充滿信心地和其他人合作或繼續留在現存的社會關係之中。基於這個原因，她感到自己難以消除憂鬱，選擇了暫時休學，離開了學校。

如果抽離出這個視角，重新審視她所在的人際環境，小K就可以發現，她周圍的人並不都是全然不可合作、對她不利的。仔細回憶她在這個過程中的點點滴滴，其實不乏支持她的人。比如，童年那次不公平的班長競選，後來有好幾個朋友都過來安慰她，表達了他們心裡都支持小K，只是無法反抗班主任的權威。又比如，在辦理博士休學期間，小K的同學也很關心她，推薦她去看精神科醫生、做心理諮商，在後來小K決定要休學時幫她辦理手續等。對小K而言，重要的是，去理解和接受創傷經歷關係中「不夠好」的老師和同學並非全然是常態。

認識到成年人的合作環境和童年時的區別也很重要。雖然在小K看來，她在博士期間遭遇的事情和她在小學時一模一樣，但實際上二者有很多不同之處。童年時的小K無法憑藉自身的能力向老師爭取自己的權益。小K的父母沒能出面幫助她去和老師交流，傳達小K受傷的情緒，小K自然也沒有從這個過程中習得在遇到不公平的對待時，合理地與權威交流自己的感受和需求的方式。小K看到了父母對於這件事情的不知所措和無能為力，她才這樣定性不公平事件：這是我無法反抗的、無能為力的場景，這種不公平來自於邪惡的、無情的權威，會一直存在並且阻礙我獲得我想要的東西。

然而博士在讀的小K已經是一個成年人了，她應當有勇氣和途徑合理地主張自己的權利，她與導師的關係雖然有權威與下屬的成分，但也有成年人之間的合作成分，她的導師在這個關係裡不可以沒有任何代價地濫用自己的權利。

當小K逐漸能夠看清和理解這個部分之後，就開始和周圍的同輩交流自己的情況和處理方法。在這個過程中，她驚訝地發現，原來經歷過這種「不公平」的人遠遠不只她一個，其他同輩對這種「不公平」有著很不一樣的理解。有的人認為，這個導師的做法可能欠考慮，沒有顧及學生的情緒，但他有可能並不是故意的，只是平時太忙了顧不上公平地分配工作；有的人認為，這是一種「潛規則」，因為高年級的博士生要畢業就需要發表更多的文章，每個人光憑自己是很難做到的，所以署名權很多時候會優先分配給高年級學生，但是未來等自己升到高年級時，也同樣會被優先考慮，所以長遠來看還是公平的；還有人認為，這個導師可能就是在有意無意地拿走小K的成果，因為小K一直沒有表達過自己的想法，也許導師會認為她真的不在意這件事情……

如此多元的來自他人的回饋，對於小K來說彷彿打開了新世界的大門。原來理解同一種處境，不同的人竟然會有如此不同的視角，而自己之前卻被困在了自己相信的那一種最糟糕的視角裡，導致自己的憂鬱和無力。之後，她鼓起勇氣和自己的導師真誠地交流了自己的情況，自己之前是如何感到無助的，以及如何十分需要拿到學術成就和及時畢業並找到工作，以支持自己的家庭等情況。令她意外的是，導師竟然表示是自己考慮不周，其實導師很認可她的努力和成績，以後也會多考慮她的感受。這讓小K感到十分意外，那是她第一次收到來自權威的道歉，她第一次感到自己的意願和情感原來是可以被權威接收的，而不是只會被無情地壓迫。之後，那個讓小K感到拿走了自己的成果的同學也來和她溝通，一方面向她道歉，另一方面也和小K傾訴了自己的不容易，以及自己在項目中其實也做出了很多努力和貢獻。最後，雖然小K仍然認為自己確實受到了不公平的待遇，但她能夠明確地感知，自己的環境並不再是她之前想像的那樣無情、冷酷、充滿壓迫，她能夠透過自己的發聲和與他人的交流獲得支持和理解，而之前是她的童年創傷和對他人的假設讓她把自己隔離了起來。

這種對權威的恐懼、被壓迫的感受以及人際隔離的無助感消除後，小K的憂鬱症自然也就痊癒了。在她日後的生活裡，每當遇到與權威相處的情景，她都會想起這段時光，並且提醒自己，自己已經不再是那個沒有辦法為自己發聲的、無助的小女孩了。

與同輩相處的創傷之一：過度競爭的傷疤

W先生是一位頗有成就的律師，但是他一直有一個苦惱——感覺自己不是一個「聰明人」。小學時，他成績普通，許多同學都能考滿分，但他無論如何也只能考到九十分。後來有一天，學校突然請來了一個「專業機構」，對在校學生進行了智商測試，他十分緊張、不安，最後得出的結果顯示，他的智商分數甚至沒有超過平均線。雖然W先生一直懷疑那個機構只是騙錢的，但是仍然覺得，也許那些測驗題的確可以判斷一個人的聰明程度。從此以後，父母一直告訴他，他天資平平，只有靠努力才有出頭之日，要他做「先飛的笨鳥」。

W先生自此生活在一種深深的自卑中，非常羡慕班級裡那些「輕輕鬆鬆就考前幾名」的同學。中學時，W先生勉強考入當地一所頂尖學校，學習競爭更加激烈，不僅每次考試都會在全校公布排名，還會根據成績排名調換班級。即使W先生在很多考試中取得了很好的成績，他還是認為，自己的成績是埋頭苦學換來的，一旦他不再這麼努力，成績就會一落千丈，所以不是什麼值得高興的事情。這種感受一直伴隨著他，即使他現在已經在事業上頗有成就，還是很擔心會被人發現其實自己不聰明，只要稍微鬆懈就會一落千丈。

直到今天，一些孩子的成長過程中，可能還是會接觸某種形式的「智商測試」，而這些所謂的智商測試，究竟可以在多大程度上衡量一個人的聰明才智和多元的能力呢？或許，它們不但不能準確地測量一個人的智商與能力，反而會造成很多傷害和損失。

史蒂芬．古爾德（Stephen Gould）是世界知名的進化論科學家，他寫過一本科普著作《人類的誤測：智商歧視的科學史》（*The Mismeasure of Man*），以此批判之前綿延不絕之關於人的智商測試的研究。曾經有很多所謂的科學研究，嘗試論證不同的種族、性別、生物體徵的人之間存在「天生的」智商和能力差距，藉此來合理化社會中很多不平等的現象。

在十九世紀，「顱相學」是一種十分流行的、人們深信的科學，它透過觀察人的顱骨形狀和大小來判斷一個人的智力水準。曾經有一個美國人收集了大量的人類頭蓋骨，往頭蓋骨裡放入植物種子，用可以放下的種子數量多少來對比不同人種的腦容量，得出一個結論：歐洲裔的平均腦容量最大，其次是亞洲裔，最小的是非洲裔，以此證明歐洲裔的智力最有優勢，從而合理化歐洲裔的殖民和暴力統治。這種測量方法在今天一定會被人嘲笑，因為無數後來的科學研究都反駁了這種原始粗暴地判斷一個人智力水平的方法，但在那個時候，人們卻對這種方法深信不疑。

非常可笑的是，即使用同樣原始粗暴的方法，把植物的種子換成大小均勻的金屬小球，最後測出來的數據也顯示，不同人種的平均腦容量其實沒有顯著差異。這種測量的錯誤，一方面來自植物種子的大小不一，另一方面來自測試者本身就存在的歧視心態。比如，在測量過程中會把較大的非洲裔的顱骨排除出去。但是，類似的嘗試並沒有停止。到了二十世紀，廣為人知的ＩＱ測試出現了，儘管ＩＱ測試的發明者阿爾弗雷德·比奈（Alfred Binet）反覆聲明，這個測試只是針對法國教育體系的一個量表，不能反映一個人的智力優劣，只是為了幫助法國教育體系裡的學生透過做這些試題來識別自己的學習困難點，從而學得更好，但大眾仍然傾向於把這些測試的分數看作對一個人「天生聰明程度」的判斷。

實際上，智力是一種非常後天的、多元的特質，而且有著很強的對環境的適應屬性。即使是品學兼優的高材生，到了亞馬遜雨林裡也可能會顯得十分笨拙，無法生存下去；再敏捷的獵人，也可能無法通過高深的數學考試。但是社會中的一些人卻對「聰明」有一套非常單一的標準，即適應和擅長考試。

對Ｗ先生來說，他最大的盲區就是沒有看到他在這個標準以外的聰明和擅長的部分。比如，能夠堅持和努力也是一種非常重要的能力特質，它不是人們所謂的什麼都不用想的埋頭苦幹的能力，而是需要擁有穩定地看到自己的處境，能夠專注於當下並且能夠排除目標以外的雜念、朝著自己確定方向行進的能力。

如果人們仔細思考，就會發現人有一種簡化對世界和他人的理解的傾向，這就是排名（Ranking）產生的原因，從學校裡的考試分數排名，到智商分數排名，再到職場中的績效排名，等等。這些「排名」造成了現在人們常說的「內捲」，也就是人們會開始傾向於只看到自己在某種單一排名體系中的位置，努力地透過競爭在這些排名中獲得更前面的位置，以至於忘記自己為什麼要獲得這個排名。

這其實是一種對於人的潛力和能力的極大壓迫和浪費，因為在這個過程中，人只會努力解決一個問題，忽視了這個問題本身的價值，即忽視了「解決這個問題有什麼益處」，從而陷入盲目的競爭，最後可能徒勞一場。

這種重視排名對人價值的判斷，是一種一維的標準，人被困在一條單一的線上，只能根據自己在這條線上的位置感受自己的價值，這是一種非常原始且有極大缺陷的價值判斷標準。

人們要掙脫這種單一的價值評判體系，就需要知道有比這種一維的自我價值判斷標準更多維的思考方式。多元的價值評判體系可以被看作一種二維的價值判斷體系。在這個二維的體系裡，人看到自己可以參與並體現價值的地方不只一種，就像坐標系上可以有很多條線，任何一條線上都有很多位置。

對於避免捲入無意義的競爭最有益的思考方式，是一種長期主義的思考方式和價值評價體系，就是一個人能夠看到在更長的時間線和人的生命發展脈絡上，這些價值判斷標準都會發生極大的變化。當時間這一維度被加入後，評價體系就到了更高的維度。在這個維度裡，執著於某一種「好」的標準幾乎毫無用處。比如，人到老年時會感到年輕時學習成績好的意義非常微小，而之前被忽視的健康或親人的陪伴無比重要。所以，**人們現在正在執著追求的一些「好」，很可能在更長的時間線上最終變得平淡、無用甚至荒謬，而很多被人們忽視的選擇和可能性，卻會在未來變得顯著和重要。**

的確，很多時候人們會感到選擇很少，比如在學校中的W先生，當周圍的同學、老師、家長看起來都只認同一種判斷人價值的標準時，要去掙脫出來是很困難的，他需要擁有很強大的心理力量才能相信學習成績或者智商不是唯一衡量他自我價值的標準，也不會妨礙他日後追求自己的職業目標。成年以後，仍然自卑和焦慮的W先生，就是被困在了一維的自我評價標準之中，很難看到自己多元的價值表現：他實際上有很強的同理能力和人際交往能力，他的事業成功和這些特質有更緊密的關係，這些特質使他能夠接納自己不總是環境裡「最強」的那個人，而願意借助他人的力量，願意謙虛地與他人合作。他的成功並非僅僅來自他自認為的埋頭苦幹，他只是從來沒有從另一個側面觀察過自己和自己的世界。

學校集體環境中的人際歷史，往往深刻地影響一個人在「競爭與合作」方面的能力，而這又是一個人在社會中最核心的能力，但其重要性往往會被低估。人們往往以為，自己去學校就是為了獲得知識，考出好成績，得到一個證明自己聰明才智的學歷。實際上，在這個過程中建立起來的，在集體環境中與他人合理及適當地競爭和緊密地合作的能力，才是人在社會中生存必不可少的能力。如果一個人真的只在意分數和排名，反而是一種本末倒置。透過自己在某個維度上「超越」他人來彌補自己的自卑感和欠缺感，是一件永無止境的事情。**彌補自卑感和欠缺感只能透過真正接納和面對自己的不完美**，總有人會在某些方面比自己更強，但競爭和超越並不是面對這種「更強」的唯一選擇。人類無法僅憑單個個體生存，而只要一個人能夠和他人建立良好的合作溝通，就能夠在社會中找到一個適合自己的位置，並且獲得幸福的體驗。

與同輩相處的創傷之二：霸凌

霸凌是指集體中的某一個或某一些人被社交力量更大的人故意傷害、壓迫和欺辱的情況。常見的霸凌有四種類型：肢體霸凌、語言霸凌、關係霸凌和網路霸凌。在現在的學校集體環境中，肢體霸凌其實已經不多見，而後三種形式的霸凌更普遍、更隱蔽，會對人的心理產生更大、更久遠的傷害。

霸凌是如此常見的一種集體人際事件，以至於很多人在成長過程中都經歷、參與或者目睹過這樣的事情。

南希在高中時就經歷過一場漫長而痛苦的關係和網路霸凌。霸凌她的「領頭人」是一個她其實並不熟悉的同班同學，她甚至不知道為什麼這個霸凌者會選中她。這個霸凌者首先假裝想成為她的朋友，接近她，與她聊天，刺探她的隱私，然後又把和她的聊天截圖和私人訊息傳播給班級裡其他人，一起嘲笑她。更過分的是，這個霸凌者會使用匿名社交軟體，讓南希看到她和其他人一起嘲笑南希的聊天紀錄。在這些聊天紀錄裡，南希看到這些人給她取了非常具有侮辱性的綽號，還無中生有地描繪了她和很多異性的關係，說她是一個下流、低賤、沒有自知之明的人。由於社交軟體是匿名的，所以在南希看來就是一群她並不知道是誰的人聚在一起惡意中傷她，並且這些人就在她的周圍，讓她感到周圍的人都是這樣評價和看待她的。這讓高中時的南希非常恐懼和受傷，彷彿生活在一個無形的充滿惡意的網之中。

社交焦慮與人際孤立是霸凌受害者最顯著的「後遺症」。南希在經歷了這一切之後，沒有選擇很快告訴自己的家人或者向老師求助，一方面是因為霸凌者威脅她，不許告訴其他人，不然她會受到更嚴重的欺負；另一方面是因為被霸凌本身帶給她的羞恥感和無力感。在南希看來，欺負她的人似乎都是一些受歡迎、聽明、有某方面優勢的人，所以她在潛意識層面相信是自己真的不夠好才會受到這些人的霸凌。在這樣的心理狀態中，去求助似乎也是一件讓人感到不安的事情，她十分擔心自己會被家長或老師責備，被認為是她真的做得不夠好，別人才會這樣懲罰她。

南希從來沒有想過，僅僅是開口說出「我被欺負了」這幾個字，就會如此困難。很多次當她和家人坐在一起吃晚餐，或者老師在批改她的作業時，她都很想對他們說出這幾個字，但不知道為什麼，就像是喉嚨被堵住了，她就是無法說出這幾個字。她試探性地告訴了父母自己被欺負的情況，但是父母給她的回饋卻是要她「勇敢反擊」、「別把這件事放在心上、開心一些」，她的父親還要她反思「是不是有什麼冒犯到別人的地方」。這些來自父母的回饋讓她感到很羞恥，因為這些建議讓她感覺自己是懦弱的、沒有勇氣的。事實上，勢單力薄的她就算再有勇氣，也很難以一己之力反抗那麼多人。

在霸凌事件中，「責備被害者」是非常常見的情況，很多時候甚至連被霸凌者最親密的那些人，都會在無意識的情況下這樣做。比如南希的父母，雖然表面上是在鼓勵支持她，讓她「勇敢反擊」，事實上有一種隱含的意思是，她沒有努力反抗才會發生這樣的事情。而「別把這件事放在心上、開心一些」，隱藏的含義是被霸凌者自己太小心眼了，不能放寬心。在很多霸凌事件中，直接責備被霸凌者的情況也很常見，比如被霸凌者的父母會讓他們「反思你自己為什麼被欺負，肯定是你有什麼問題」，這樣的語言對被霸凌者來說是嚴重的二次傷害，會讓他們感到孤立無援。

聽到父母對自己的回饋後，南希感到更加脆弱無助，她開始更加迴避那些欺負她的人和訊息。對很多被霸凌者來說，有一個很難被解開的迷思，就是為什麼自己會是那個「被選中的人」。有研究顯示，霸凌者的行為模式裡一般都具有一種穩定的攻擊性，他們其實會持續地試圖霸凌周圍所有的人，只是在通常情況下，他們只能成功霸凌那些在人際上不夠果斷，對他們的霸凌有明顯脆弱反應的人。所以，南希由於缺乏人際支持而更加迴避、脆弱的表現，反而會強化霸凌者的欺凌行為，因為他們就是想要看到自己的行動能夠傷害別人。

南希經歷的網路霸凌，會造成比一般的關係霸凌更大的人際創傷。因為網路霸凌的匿名性，訊息發送者可以不為自己的言論負責，所以攻擊性的言論會更加誇張、訊息會更加脫離事實、接收到的人更多，南希卻沒有辦法和發出訊息的人對質。在網路霸凌中，霸凌者和旁觀者的身分界限更加模糊，即使一開始編造攻擊訊息的霸凌者已經停止了霸凌行為，遺留下來的訊息仍然可以被傳播和看到，「圍觀」行為本身也變成了霸凌的一部分。

被霸凌的經歷與成年後的憂鬱、焦慮、恐慌症等心理問題顯著相關，很多的輟學事件及更嚴重的事件也都是由霸凌引發的。霸凌不僅會對被霸凌者造成深刻的傷害，實際上從長遠來看，對旁觀者甚至霸凌者本身也都有很強的人際損害，後者在建立建設性的、合作的人際關係方面也會有很大的障礙。人最初接觸到霸凌往往是在學校等集體環境中，而那時的人際發展是不成熟的，是在接收周圍的人際訊息進而成長的階段，所以霸凌總會使人對人際關係的體驗和認知產生非常深刻的負面影響。

霸凌是一種群體行為，旁觀者的觀看對霸凌者來說很重要：透過這種膚淺的方式展示自己的力量並獲得優越感是霸凌者最大的目的。很多霸凌者形成的問題模式在於，他們缺乏基本的同理能力，真的認為自己能夠從欺負他人上獲得優越感，會把其他人的脆弱反應理解為自己的勝利和力量展示，所以越是對他們的霸凌行為做出脆弱反應的人，就是他們越喜歡的欺辱對象。但是，如果霸凌者透過這種方式感到自己真的可以獲得別人的注意甚至認同，以為用人際壓迫甚至暴力可以獲得好處，這對他們未來的人際發展可謂是毀滅性的打擊。當他們離開了縱容他們採用這種實際上非常軟弱的獲得優越感的方式的地方之後，就會發現自己孤立無援，沒有人願意和他們合作。並且，這種充滿攻擊性的人際行為模式如果沒有受到干預，繼續被帶到成人世界裡，在缺乏人際合作的情況下，霸凌者就會有更大的可能發展成犯罪者：當一個人沒有能力在正常的人際環境裡建立合作關係，而只能使用暴力、欺騙、掠奪等方式從別人那裡獲得生存的資源以及優越感時，就會去犯罪。

令人意外（或者也理所當然）的是，很多霸凌者同時也有被霸凌的經歷，因為霸凌本身就是一種在群體中習得的行為，霸凌者由於自己的經歷，也更容易接受自己難以反抗一個「更強」的力量的情況。

霸凌對於旁觀者也有很深刻的影響——如果沒有觀眾，表演就沒有意義。霸凌的本質是霸凌者想要發起的一場對於自身優越感的表演，霸凌者在試圖向觀眾傳達：看，我這樣才是最有力量的，我才是最優越的，因為我可以傷害其他人的情感和身體，我可以控制其他人。透過這種方式體驗優越感才是霸凌者最大的心理動力。接收到這個訊息的旁觀者往往會受到很多的次生創傷。很多人會很疑惑，為什麼霸凌事件裡鮮少有旁觀者會站出來，制止這些惡劣的事件，事實上，孩子們在成長過程中並不理解霸凌事件的真相，所以很多人會認同霸凌者，甚至有加入欺負被霸凌者的行為。這其實是一種潛意識層面的自我防禦機制，因為認同霸凌者就會在心理上感到離被霸凌者更遠一些，似乎這樣就能減少自己被欺負的可能性。

從根本上講，要避免霸凌需要接受十分系統的社會和學校的心理教育，教育孩子們自己的邊界不可被侵犯，要有自信和有能力拒絕任何不合理的侵犯以及去尋求他人的幫助。教育所有孩子不要做助長霸凌的「旁觀者」也是至關重要的，因為旁觀者的注意和認同是霸凌者的根本動力，如果霸凌行為引發的不是旁觀者的注意而是忽視、反對、鄙視，霸凌者感到自己的行為得到的不是社交地位的提升而是下降，霸凌就不會發生。有些學校會用類似角色扮演的方式讓兒童分別體驗作為霸凌者、被霸凌者和旁觀者的感受，從而增強同理能力，共同阻止霸凌的發生。

對於南希來說，之後很長一段時間內的人際成長和修復的目標，就是從羞恥感和欠缺感中走出來，重新體驗和建立更健康的人際關係模式。她需要從根本上感受並不是自己的問題導致了這一切，而是自己經歷了一場長期、複雜、充滿無意識共謀的群體傷害。去看到欺凌她的人並不是她以為的「厲害、受歡迎的人」，而是缺乏同理能力和自信、內心十分懦弱的求關注者（Attention Seeker），是南希從這種羞恥感和欠缺感中走出來的關鍵一步。

更重要的是，南希需要看到自己在這段經歷中的力量和彈性：往往是更加善良認真的人，才會在受到攻擊指責時試圖放下防禦，即使是霸凌者的聲音也去傾聽——因為她總是想要做一個對他人負責、有反應的人，並一直試圖調整自己來與別人合作。這實際上是一種很有力量的心理特質，這意味著一個人要打開自己，允許自己脆弱，允許自己去同理他人、聽到他人的聲音。只是霸凌者的聲音本身是不值得被聽到和尊重的，是霸凌者利用了她的這個特質，而不是她的這個特質本身是不好的。

避免被霸凌傷害的核心心理力量，是一個人應該永遠記得，自己的自我認知和自己最親密的人對自己的評價，應該永遠被自己放在最高的優先級別上，而其他人的回饋意見應當排在後面，需要被自己審慎地理解和適當地接納。那些說她

「低賤、下流、沒有自知之明」的聲音不應該真的進入她的自我認知體系之中，只要審慎地思考一下，就會發現這些詞語只是毫無意義的符號，其內涵是空洞的，因為說出這些話語的人本身的態度就是輕浮的。去辨識這些話語來源者的態度至關重要，這些話語如果不是來自一個真誠的、試圖和你交流的人，它們就沒有任何意義。

只要認識到這些，霸凌經歷最後就會變成一場記憶中的鬧劇和雲煙，因為**真正有力量的永遠都是對他人抱有善意、願意同理的人**，用所謂的權力壓迫他人是一件極其簡單和懦弱的事情，這種懦弱最終不會帶來任何好處和力量。

第十章

情緒負性能力

對於人的認知系統來說，一個很有趣但是也很富挑戰性的事實是，一件事情只要是陌生的，人們就會自動因恐懼而迴避；而一件事只要是熟悉的，即使是有害的和危險的，人們也很容易被吸引和進入。

很多人很擅長在應試教育或者勞動強度很大的環境內生存，並且能夠獲得很好的成績和成就，但卻很難面對和耐受人際關係中的問題和痛苦。很多時候人們被教育，只要勤勉努力，就能克服一切困難。然而對於很多存在性的問題，並不是僅依靠某種現實層面的「努力」就可以改變的。

接受與人的生命同在的一些「痛苦」的普遍性，看上去是一種消極的人生觀，但其實是一種更真實的接近生命和生活本質的態度。

親密關係：如果註定和「錯的人」在一起，怎麼辦

筆者曾經不只一次地與有親密關係迴避議題的來訪者發生過類似的對話。

諮商師：「我發現你其實真的很有毅力，過去上學時那樣艱難的處境和嚴格的老師，都熬過來了，現在你在工作中也非常有韌性，雖然遇到了很多困難，但是最終幾乎都達到了預設的目標，還在不斷地繼續學習和進步，真的很令人佩服。但是你有沒有發現，你在親密關係裡，只要遇到一點點與你想像不符的地方，你就會感覺很挫敗，感覺無法承受這麼巨大的痛苦。」

小維：「是嗎？我好像沒有意識到這一點，我覺得自己好像一直挺脆弱的。」

諮商師：「你怎麼看待自己獲得的這些學業和事業上的成功呢？我覺得如果沒有很強的毅力和耐受痛苦的能力，這些成就好像挺難實現的？」

小維：「嗯，但是我覺得那些對我來說好像沒有那麼難，已經習慣了，一直以來就是這樣過來的。」

諮商師：「從某種程度上講，人就是這樣的，我們所能夠做到的和擅長做的事情其實都是習得的，從吃飯、走路到寫論文、做量表，好像沒有什麼事是一個人天生就會做、一開始就能做得很好的，都是需要一個人一點點地去學習和練習的。」

小維：「好像是這樣，畢竟也沒別的辦法，從小就在學校裡被逼著學習，不會也得會了。」

諮商師：「這個過程好像不太舒服，但是如果多嘗試幾次，你會不會發現考試有考得好的時候也有考得不好的時候，似乎那個感受的波動比較容易讓人接受了？」

小維：「嗯，考得好當然好了，考得不好，大不了就是挨一頓罵，早就習慣了。」

諮商師：「是的，你已經對那個過程熟悉了，知道之後會發生什麼，大不了就是挨一頓罵。但是在親密關係裡，如果對方一小時內沒有回你訊息，或者遲到了，這個事情似乎對你來說就很難耐受？你有沒有想過，也許不是客觀上哪一種情況更痛苦一點，而是你更習慣和熟悉那種學習、工作的痛苦，但是很難耐受情緒上的、親密關係裡的痛苦挫折？」

小維：「是這樣嗎？我從來沒有這麼想過，我覺得像學習、工作這種事是大家都得去做的，沒覺得這是件困難的事情。」

諮商師：「可不是都這樣，這個世界上的平均就業率也只有三十％左右，能考上大學的人也只占五％左右，而你能擁有今天這樣的成績一定耐受了很多的痛苦，我的意思是，也許你不像你自己說的那樣脆弱，只是有些事情是你不熟悉的，所以會很害怕。」

小維：「學習、工作的痛苦是我熟悉的，而親密關係的痛苦是我不熟悉的，所以我會迴避和拒絕，是這樣的嗎？」

諮商師：「嗯，好像從小到大你被教育了很多如何在學習、工作中克服困難，要有毅力堅持，但是好像沒有人教過你如何去和人際關係與親密關係裡不舒服的感覺和情緒相處。」

小維在成長過程中一直因為母親的強勢和控制而十分困擾。他在青春期時就下定決心一定要擺脫母親的控制，到離家很遠的地方上大學。透過刻苦努力，他進入了自己心儀的大學，開始了自由的新生活。但他備受困擾地發現，自己好幾任女朋友的身上似乎都有自己母親的影子：她們雖然很關注他，讓他感到被愛，但是她們有的要求他晚上睡覺之前一定要說晚安，讓他感到被控制；有的要求他一起健身減肥，讓他感到自己很不被接納；還有的要求他每週末要陪同自己去陪伴父母，這令他更難以接受。後來，他終於找到了一個和他一樣渴望自由、有著十分樂觀的生活態度的女朋友。一開始，他感到十分快樂，覺得終於擁有了一段一直渴望的放鬆和安全的關係，但是一段時間以後，他又開始苦惱了：自己的女朋友怎麼能這麼不拘小節，讓家裡的貓和人一起睡覺？自己生病了，對方也能在到醫院看望他之後繼續參加娛樂活動，這是不是表明她不愛自己？

小維感到自己受夠了像和母親的關係那樣被控制的親密關係，拚命努力尋找一個不帶給他控制感的伴侶，然而，成長的體驗和對母親在內心深處的那部分認同又讓他感到另一種不被關注的痛苦。所以，從某種程度上講，小維必須在兩種不同的痛苦之中做出選擇：選擇一種更被關注但是不夠自由的痛苦，還是選擇一種輕鬆自由但是感到自己缺少關注的痛苦？

著名的情感心理作家艾倫・狄波頓（Alain de Botton）在《愛的進化論》（*The Course of Love*）裡寫到，人們童年時期閱讀的童話故事裡常常都會有「公主和王子從此過起了幸福快樂的生活」之類的描述，浪漫的文學作品也會讓人有找到自己的「靈魂伴侶」的美好幻想。事實是，每個人都註定要和「錯誤的人」在一起，並且這個選擇是自己做出的：因為這個世界上其實極少出現像找到一塊完全契合的拼圖一樣找到一個「正確的伴侶」的情況。如果要問，難道就沒有一種對於小維來說剛剛好，既讓他感到被關注又讓他覺得很自由的關係嗎？既殘酷但又客觀的答案就是「沒有」。因為讓他感到痛苦和舒適的，本質上就是同一種東西，就像一個硬幣的兩面，那就是如他母親一般帶著許多要求的關注，而他不可能只要硬幣的一面。

對小維來說，他需要的是看清自己的選擇，然後耐受自己的選擇帶來的痛苦。**類似於這樣的親密關係問題的終極解法，不是去尋找一個完美互補的人的形象，而是提高忍受差異和痛苦的能力。**小維不可能找到一個「完美女友」，這個女友既可以在他需要的時刻給他足夠的關注，又可以在他想要自由的時候識趣地走開。如果他想得到更舒適的關係，就需要有耐心和同理心去和對方細緻地討論關係中的種種動態和選擇，比如：和對方討論我擔心的是你到醫院來看我之後就去找朋友玩了，這是不是不夠愛我的一種表現？我相信其實不是這樣的，我猜也許是你的家庭環境教育讓你認為這是一種更好的愛人的方式，但我還是需要更多一點來自你的關注。這一切的基礎是對關係中的痛苦的耐受能力。

如果要回答「究竟什麼樣的人才是適合我的靈魂伴侶」這樣一個問題，有一個十分簡單、清晰的標準答案：能夠忍受和理解差異和關係中的痛苦的人。如果一個人希望自己成為別人眼中的白馬王子或紅顏知己，也許嘗試讓自己朝著這個方向成長也是不錯的選擇。

接受痛苦：忍受痛苦才能擁有創造力

諸行無常，這個世界上能讓我們感到全然舒適的部分其實很少，也很少有人能一直按照自己理想的軌跡生活，別人的行為總是和我們想的不一樣。事實上，和人們想像中一模一樣的人際關係和快樂的體驗就不如他們認為的那樣多，生活中像在學校裡一樣努力學習就能獲得成績進步的單純邏輯更少之又少。叔本華在對於人生痛苦的論述中寫到，人的意識就像一條流淌的河，只有在遇到阻礙時才會有強烈的感受，所以痛苦挫折的感受永遠比幸福順利的感受顯著許多。**真實的生活境遇往往就像大海的波浪一樣，總有起伏**。一個人如果自動預設自己的生活應該永遠幸福快樂，反而會在現實生活中為自己帶來焦慮和恐懼。

很多人在生活中看起來非常努力地做了很多事情，其實什麼也沒有做成，究其原因就在於，他們僅僅在努力地避免痛苦，而無法接受生命的痛苦往往是不可避免的。

比如鍾情妄想，一個人無法忍受關係的分離和喪失的痛苦，無法接受自己愛的人不愛自己，所以為沒有得到回應的情況找了各種藉口：他是不好意思才不理我的，他肯定是我晚上睡著之後才敢來看我的；又如強迫症，這種神經症某種程度上可以為患者提供心理上的安慰：只要多洗一次手，心理上就會感覺得病的機率沒有那麼高了；只要回去再關一遍門，也許就能避免家裡被偷盜了。

這些迴避痛苦的症狀和行為其實無法為人帶來更好的結果，只能讓人在當下的行為模式裡打轉。這些行為既無創造性，也不能帶給人真正的力量和勇氣。以迴避痛苦的方式來解決衝突是一種安慰劑，它並不能讓人真正勝任生活和發展的要求，而且在此過程中，人們會放棄自己那些最優秀和最強大的力量。更重要的是，迴避痛苦的行為並沒有真的讓痛苦消失，痛苦只是以更缺乏現實適應性的形式繼續存在，甚至還可能讓人更痛苦。

如果要把所有的精力和智慧都放在避免痛苦上，人生就可能變成一片空白，一個人便再也沒有時間和力氣去做自己想做的事情，無法為生命塗上有創造性的色彩。

在人們的成長教育中，往往缺失了一種教育：對「負性能力」（Negative Capability）的培養和教育。「負性能力」一詞本來不是一個心理學概念，它最早由著名詩人濟慈（John Keats）提出，他用這個概念讚頌莎士比亞（William Shakespeare）的寫作品格，稱他能夠「在不確定、神祕和懷疑中存在，而不會急不可耐地謀求事實和原因」。

莎士比亞為何能寫出流傳千古的絕世佳作？從心理情緒的角度去細看，很大程度上是他對人世間痛苦的耐受能力很強，他能夠慢下來，留在那種未知的不理想和痛苦之中，去細細體驗和表達那究竟是什麼——朱麗葉假死，羅密歐竟然沒有仔細考察一下就服毒自殺了，這多麼荒唐且令人悲憤和遺憾。但是莎士比亞不會被這些負性情緒沖走，他能夠接納這些荒唐的悲劇體驗成為這個世界的一部分，甚至能夠讓自己沉浸其中，描述那些顆粒極細的負性體驗，這才成就這部流芳千古的佳作。這些名作之所以會被人稱頌，可能就在於它們雖是虛構的，但其中的情感體驗格外樸實、深刻和真實。有更多偉大的藝術家、領導者和開拓者，都是因為擁有這樣承載負性體驗的能力，才能持久地保持面對和改造世界的創造性，做出真正有意義的事。

在漫長的人類歷史中，很多哲學家都致力於探索和了解人究竟如何與這些生命中不可避免的痛苦相處。斯多葛派的哲學家們深諳此道，著名的認知行為療法的創立者亞倫．貝克（Aaron Beck），也認為自己的流派學說發端於斯多葛哲學思想。斯多葛派認為，每個個體都只是時間和空間中渺小的一粒，個體小我必須接受自己是整個大自然、宇宙的極小的一部分。寫下了《沉思錄》（*Meditations*）的著名羅馬皇帝馬可．奧理略（Marcus Aurelius）同時也是一位斯多葛派的哲學家。他雖然在世俗地位上已經達到羅馬皇帝的高度，但卻選擇了斯多葛哲學的生活方式。因為他能夠深刻地感知到，即使他在世俗地位上超越了他所見到的所有其他人，他也仍然無法迴避生命的痛苦和自身的渺小。他是羅馬的最高主人，擁有一個強大國家的所有資源的使用權和分配權，卻仍要面對戰爭的殘酷、親人的死亡、疾病的痛苦。他雖然擁有無數的僕人和士兵，卻沒有任何人能夠替他承受這些痛苦。只有斯多葛式的哲學思考才能幫助他去面對世界的殘酷，得到內心的安寧。

簡而言之，**所謂負性能力，就是一個人能夠耐受自己的生活和關係中那些被理解為「不好」的部分，以及不確定、未知和無常的部分，能夠去體驗和接受它們，而不是立即付諸行動去改變，或者要努力得到一個明確的解釋。**為何需要這樣一種能力？對於一個人適應社會和使人格逐漸成熟的需要來說，去理解和接納自己不是全知全能的，以及世界和他人也無法保持一種理想的狀態十分重要。只要人們足夠謙卑，就會發現人確實不是全能的，也不可能預知和掌控未來。

能夠在自己的生活中辨識，哪些部分是自己可以掌控的，哪些部分是自己無法掌控而需要去接受的，是一種高尚的智慧。只有擁有了這樣的智慧，才不會白白浪費自己和他人的生命，不憂鬱也不狂躁地留在這個不以人們的感受為中心的世界裡，獲得更好的生命體驗。

後記

在自我探索和療癒的道路上，人們總是有很多選擇，有時候會對這些選擇感到迷茫，不知道什麼是適合自己的。所以筆者在此供一些思路，闡述一些常見的心理求助方式，以幫助大家了解如何選擇適合自己的求助資源。

生活、心理、關係方面的專業求助資源其實是多種多樣的，只要勇敢地踏出第一步，嘗試尋求專業幫助，其實有很多選擇在等著人們。

個體心理諮商

筆者常常會被問到的一個問題：「如果要做心理諮商，要找什麼流派的心理諮商師，是要找精神分析流派的諮商師深入分析自己，還是找認知行為流派的諮商師矯正自己的信念和行為？」其實，心理諮商最重要的絕對不是停留在技術層面，而是一個能夠達成治療同盟並使患者產生信任和安全的諮商關係。仔細想想，心理諮商是一個很有趣的設定，一個人進入一個全新而陌生的環境，與一個之前和他沒有任何交集且保持中立的人（諮商師）討論自己的問題和體驗，但最終他還是會把自己從前一以貫之的人際信念和模式帶入這樣一個全新且受各種設定保護的關係，體驗各種熟悉的感受和狀況。

在某種程度上，諮商關係就像一面鏡子，會反映一個人在自己的世界裡的各種人際關係模式：他在人際關係裡秉持怎樣的信念？他最重要的情感需求是什麼？在他過去的成長經歷裡，他習得和形成的建立和處理人際關係的方式是怎樣的？當人際關係裡出現和他的期待不一樣的情況時，他會作何反應？

為什麼這些問題很重要？因為人的本質是社會動物，人無法僅靠自己生存下去，所以一個人在各種錯綜複雜的人際關係網路裡處於什麼樣的位置、如何理解和處理這些人際關係，會對他的生存體驗產生至關重要的影響。在諮商關係裡呈現、體驗和討論這些部分，是幫助一個人成長和發展的途徑之一。那些在人際中讓一個人感到痛苦難受的、難以面對的、羞恥的或恐懼的東西，究竟是什麼？在諮商關係裡照一照鏡子是一個不錯的選擇，因為很多時候，覺察即自由。

除了「鏡子」這個功能，諮商關係的另一個重要功能是「容器」。諮商關係的一個顯著特點是「無條件地積極關注和接納」，意思是在一個諮商關係中，諮商師不會對來訪者從某一種價值觀或者道德觀念出發進行評價、判斷或要求，這使得諮商關係成為一個「安全」的關係，來訪者不必擔心自己的經歷、想法、情感、觀點會被批判或攻擊，只有在這樣安全的關係裡，一個人才能開始真實地表達和呈現自己，而這也是一個人自我了解和自我接納的開始。

有時，心理諮商是一種技術，但好的心理諮商往往更像一種藝術。在這個自己說了不算的世界和人生裡描寫自己的個人敘事，探索私人歷史和經驗的多重真相（Multiple Truths），就如同威廉．福克納（William Faulkner）的小說中所描述的那樣，同一個世界裡可以選擇看待自己和關係的不同視角太多太多，重要的是一個人自己能夠認同哪一種視角，他選擇如何描述和理解自己的生命。**比起找到某一種唯一「正確」的生命理解或方法，心理諮商最終的目的是幫助人們創造自己的生命敘事**，就像以自己為主人公寫一本故事書一樣，這個主人公從哪裡來，要到哪裡去，秉持怎樣的信念、情感和希望，這最終會是一個個體獨一無二的生命藝術。

如果要嘗試尋求心理諮商，千萬不要抱著「找現成答案」的心態去找一個心理諮商師，不會有一個心理諮商師比來訪者自己更了解自己，也不會有一個心理諮商師更有資格告訴來訪者他應該怎樣看待自己、對待自己的生活，心理諮商師只是一個譜寫和表達的助手，**最寶貴的自我敘事和自我定義的權力一定要掌握在自己手中。**

伴侶諮商

伴侶諮商，顧名思義，是在親密關係中的兩人共同參加的諮商。參加伴侶諮商的契機其實有很多，不一定是在感到自己的親密關係出現了嚴重問題才可以做伴侶諮商，在很多地區，為結婚做準備的婚前諮商也十分普遍。

在多數情況下，人們會選擇進行伴侶諮商還是因為感受到了自己的親密關係中有了讓自己不滿意或不理解的部分，希望透過伴侶諮商改善自己的親密關係體驗。即使兩個人都想繼續維護關係，卻仍然會因為很多原因難以達到互相理解的狀態，這其實是一件很普遍的事情。這是因為每個人都有自己獨特的成長經歷，在成長過程中習得的關係模式和對關係的理解也都是不一樣的，所以其實很多時候要互相理解並不是一件「自然而然」的事情，在親密關係中要達到融洽溝通其實是需要練習的。

不同依戀模式的人表達感情的方式、處理情緒壓力的方式都不一樣，比如焦慮型依戀的人在感到關係不安全時就會努力靠近、質問、發怒，而迴避型依戀的人遇到這種情況就會想要躲避起來，這會讓焦慮型依戀的人更加焦慮和靠近、質問，最後迴避型的人就加倍躲避，如此形成一種惡性循環。

這些關係模式和交流模式的惡性循環要怎麼結束呢？勢必需要一些干預。這就像兩個學了不同舞步的人一起跳雙人恰恰，即使雙方都有意願一起跳舞，也難免會互相踩腳。而伴侶諮商就類似一個去幫助雙方「合舞步」的過程。

在某種程度上，關係雙方願意達成一致去做伴侶諮商就是關係開始好轉的標誌，因為這意味著雙方開始承認和正視自己關係中有需要改善的地方，並且承諾願意共同付出時間、精力、金錢去改善關係。

團體諮商

團體諮商是一種非常有趣且極富互動性的活動，有很多不同的形式和結構。一般的團體會有一兩名團體心理諮商師作為帶領者，以及五至十二名團體成員。團體諮商最大的特點和魅力是團體成員們得以在一個受保護、安全和隱私的環境中與他人深入交流，得以在這個過程中細緻地觀察、學習、體驗、探討、調整和改善與他人關係中的方方面面。

在某種程度上，團體諮商可以彌補個體諮商的一些不足，比如獲得更真實的人際互動的體驗。曾有來訪者告訴筆者，同時參加團體和個體諮商，讓他得以在團體中再次嘗試和檢驗在個體諮商裡討論的人際關係模式和可能性，是一種幫助他把人際領悟和成長更順利地延展到日常生活關係裡的促進工具。

在團體中，有時人們可以看到原來自己的苦惱是有普適性的，其實也有很多其他人能夠體驗和理解自己的苦惱，這會讓人們在面對問題時不再那麼孤獨；也有一些時候，人們會發現原來別人會用不同的視角和方式處理他們體驗到的困難，會給他們一些面對生活的啟發。

團體諮商的形式多種多樣，有確定主題的、結構化的團體，這樣的團體會要求大家一起進行有明確主題的練習，也有非結構的人際成長團體，讓人自然地在團體中建立關係，心理獲得成長。只要想參與，幾乎任何人都可以找到適合自己的團體形式。

藝術／舞動／音樂／戲劇／遊戲療法

很多人之所以對參加藝術相關心理治療活動有所顧慮，就是因為覺得自己可能不擅長畫畫、跳舞、音樂等，實際上，這些療法完全不需要參與者有任何基礎。藝術只是一種介質，真正重要的是參與者在這個過程中的即興表達和表現，以及與治療師之間的關係互動。比如舞動治療很多時候讓人完全感受不到自己是在跳舞，而是在十分即興地感受自己的身體與空間、他人、物品之間的關係和律動。

傳統的心理諮商一般採用以談話為主的方式，但是也有很多人會覺得單純談話的方式不適合自己，無法透過語言充分地表現自己，而是更傾向於用身體、動作、圖畫等方式表達自己，所以藝術治療是應用很廣泛的方式。

另外，因為兒童受語言發展階段的限制，很多時候治療師很難單純透過談話的方式了解兒童的內心，而透過遊戲繪畫等方式則可以幫助兒童更順暢地表達自己的感受。

總之，如果對以某種藝術的表達為介質的自我探索和自我照顧感興趣，或認為單純的語言溝通不足以很好地表達自己，這些藝術治療的方式可能是可以探索的方向。

生涯教練

生涯教練與心理諮商的區別是，生涯教練具有更高的指導性和鼓勵性，而心理諮商具有更高的探索性和個性化。什麼時候一個人應該選擇去嘗試生涯教練呢？簡單地說，就是當他已經有一個明確堅定的目標的時候。比如，他已經很確定自己想要的是一份新工作，決定轉行，那麼找到一個生涯教練就可以幫助他得到更多的正回饋和鼓勵，使他達到目標所需要克服的障礙更清晰，持續保持動力等。

生涯教練往往更傾向於明確目標導向。如果一個人感到自己的內心還有很多疑惑和不確定，那麼他最好還是選擇個體或團體心理諮商等更具有開放探索性質的方式來了解自己。

精神科醫生

很多人可能對求助精神科醫生有排斥和恐懼的心理，也常有來訪者向筆者抱怨精神科醫生冷冰冰的，沒有時間傾聽他們的狀況，體驗十分不好。的確，精神科醫生的角色和心理諮商師很不同，他們每天接診的人數很多，主要的任務是評估和診斷就診者心理狀態和社會功能水準等，所以不會有很詳細的交流，這可能和很多就診者的期待不太一樣。大部分精神科醫生主要是在更偏生理的方面幫助患者，開處方藥幫助患者調整內分泌功能，這和心理諮商師的角色是很不一樣的。

人們都知道，當一個人骨折了，他首先需要做的事肯定是去醫院止血、把斷掉的骨頭接起來、把傷口縫合好、消炎避免感染等，等傷口逐漸癒合，之後做的事才是做復健訓練、鍛煉身體、學習正確的運動方式、強健肌肉組織以防下一次骨折。看精神科醫生和去做心理諮商之間的關係就有點像去看骨科醫生和去復健科之間的關係。當一個人骨折了，還在很劇烈明顯的痛苦之中時，他顯然是沒有辦法很快地去做復健訓練、增強體質以緩解痛苦的，心理諮商也是一樣。一般的心理諮商都是以一週一次左右的頻率進行，即使是短期的心理諮商也需要數週到數月才能產生幫助人改善心境和認知的效果，因此心理諮商是需要個體本身具有一定的情緒穩定性、認知和反思能力時才適合進行的。而精神科就診可以在相對較短的時間內穩定一個人劇烈波動或極其低落的心境，這對保障一個人的身心健康是十分關鍵的。

很多人對於看精神科醫生有著額外的心理負擔，這是因為存在很多汙名化精神科的社會訊息，使人們認為去看精神科就說明一個人是瘋子、精神病，會有很強烈的羞恥感。實際上，僅憂鬱症這一種心理疾病的終身患病率就在六%至七%，焦慮症的終身患病率也在五%左右，心理精神疾病的整體終身患病率在十八%左右，是實實在在的常見病。由於對於精神心理疾病的汙名化，很多人因為羞恥感無法及時接受治療和尋求幫助，反而造成了更嚴重的後果。並且其中一些心理和精神疾病，如雙相情感障礙、精神分裂症，是必須配合藥物治療的，越早干預，患者就會獲得越好的治療效果和生活品質。如果一個人因為這些汙名化的概念不去求助就診，對他來說實在是得不償失。

總之，看精神科和心理諮商在很多情況下是需要互相補充、同時進行的，它們無法互相替代，給人幫助的方面也是十分不同的。精神科醫生確實無法像心理諮商師那樣仔細地和一個人談他的生平經歷、事情的來龍去脈，一個人同樣也無法從心理諮商師那裡得到診斷和處方。不同的專業人士可以提供的幫助是很不同的，但多尋求幫助總不會錯的。要記住，人的本質是社會動物，所以每個人最基本的求生和存活技能不是工作、賺錢或是獲得名次，而是求助。只要一個人感到需要，去嘗試求助總是沒錯的。

參考文獻

[1] 史蒂芬．古爾德（Stephen Jay Gould），《貓熊的姆指》（*The Panda's Thumb: More Reflections in Natural History*）〔M〕．田洺譯，北京：生活．讀書．新知三聯書店，1999。

[2] 埃德加．列文森（Edgar Levenson），《理解之謬 改變之謎》（*The Fallacy of Understanding & the Ambiguity of Change*）〔M〕．陳祉妍、沈東鬱譯，商務印書館，2018。

[3] Shabad, P. *Repetition and incomplete mourning: the intergenerational transmission of traumatic themes* [J]. Psychoanalytic psychology, 1993, 10(1): 61.

[4] 迪恩．博南諾（Dean Buonomano），《大腦是台時光機》（*Your Brain Is a Time*

Machine: The Neuroscience and Physics of Time）〔M〕．閆佳譯，北京：機械工業出版社，2020。

[5] MacLean, Paul D. *The triune brain in evolution: role in paleocerebral functions* [M]. New York: Plenum Press, 1990.

[6] Vaillant, G., Mukamal K. *Successful aging* [J]. American Journal of Psychiatry, 2001: 158(6): 839–847.

[7] Vaillant, G. *Triumphs of Experience: The Men of the Harvard Grant Study* [M]. Belknap Press of Harvard University Press, 2012.

[8] Panksepp, J. *Affective neuroscience: the foundations of human and animal emotions* [M]. New York: Oxford University Press, 1998.

[9] 弗洛姆（Erich Fromm），《愛的藝術》（*The Art of Loving*）〔M〕．李健鳴譯，上海：上海譯文出版社，2008。

[10] Kübler-Ross E, Kessler D. On grief and grieving: finding the meaning of grief through

the five stages of loss [M]. New York: Scribner, 2007.

[11] 蘇珊・桑塔格（Susan Sontag），《疾病的隱喻》（*Illness as Metaphor and AIDS and Its Metaphors*）〔M〕・程巍譯，上海：上海譯文出版社，2013。

[12] 米歇爾・福柯（Michel Foucault），《瘋癲與文明》（*Madness and Civilization*）〔M〕・劉北成、楊遠嬰譯，北京：三聯書店出版社，2019。

[13] 大衛・福斯特・華萊士（David Foster Wallace），《系統的笤帚》（*The Broom of the System*）〔M〕・何江譯，北京：北京時代華文書局，2018。

[14] 愛德華・L・德西（Edward L. Deci）、理查・弗拉斯特（Richard Flaste），《內在動機》（*Why We Do What We Do: Understanding Self-Motivation*）〔M〕・王正林譯，北京：機械工業出版社，2020。

[15] 費孝通，《鄉土中國》〔M〕，上海：上海人民出版社，2006。

[16] 費孝通，《生育制度》〔M〕，北京：商務印書館，1999。

[17] Gould, S. J. *Mismeasure of man* [M]. New York: Norton & Company, 1981.

[18] Graham, Paul. *Hackers & painters: big ideas from the computer age* [M]. O'Reilly Media, Inc., 2009.

[19] Adler, Alfred. *What life could mean to you* [M]. Hazelden Foundation.Center City, Minnesota: Hazelden, 1998.

[20] Alain de Botton, *The course of love* [M], Penguin UK, 2017.

高寶書版集團
gobooks.com.tw

新視野 NewWindow260
隱形創傷：
成為大人的我們，該如何療癒看不見的童年傷痛？

作　　者　王嘉悅
責任編輯　林子鈺
封面設計　黃馨儀
內頁排版　賴姵均
企　　劃　何嘉雯

發 行 人　朱凱蕾
出　　版　英屬維京群島商高寶國際有限公司台灣分公司
　　　　　GlobalGroupHoldings,Ltd.
地　　址　台北市內湖區洲子街 88 號 3 樓
網　　址　gobooks.com.tw
電　　話　(02)27992788
電　　郵　readers@gobooks.com.tw（讀者服務部）
傳　　真　出版部 (02)27990909　行銷部 (02)27993088
郵政劃撥　19394552
戶　　名　英屬維京群島商高寶國際有限公司台灣分公司
發　　行　英屬維京群島商高寶國際有限公司台灣分公司
初版日期　2023 年 04 月

國家圖書館出版品預行編目（CIP）資料

隱形創傷：成為大人的我們，該如何療癒看不見的童年傷痛？/ 王嘉悅著 . -- 初版 . -- 臺北市：英屬維京群島商高寶國際有限公司臺灣分公司，2023.04
面； 公分 .--(新視野 260)

ISBN 978-986-506-687-1(平裝)

1.CST: 心理創傷　2.CST: 心理治療

178.8　　112002911